Service compris

PRATIQUE DU FRANÇAIS DE L'HÔTELLERIE, DE LA RESTAURATION ET DE LA CUISINE

CORRIGÉ DES EXERCICES
GUIDE PÉDAGOGIQUE

Christiane DESCOTES-GENON
Elisabeth SZILAGYI

ISBN : 2 7061 0647 6

Avant-propos

Nous proposons ci-après trois parcours :

1. Section hôtelière,
2. Section restauration,
3. Section cuisine,

pour permettre à l'enseignant d'établir son programme selon le domaine de spécialité de ses étudiants.

Certains exercices sont communs à plusieurs parcours alors que d'autres sont spécifiques à l'un des domaines.

Pour chacun des parcours, nous proposons un découpage correspondant à un cursus en deux années, ce qui est le cas dans la majorité des sections concernées. La répartition a été faite selon une progression des acquisitions mais aussi une distribution des types d'activités et des centres d'intérêts.

Certains modules sont plus axés sur des compétences : par exemple, le module 2 s'articule, en priorité, autour de l'apprentissage du lexique, le module 3 vise plutôt la compréhension et l'expression écrites alors que le module 4 est essentiellement fondé sur l'expression et la compréhension orales. Il est donc souhaitable de tenir compte de ces particularités pour organiser le cours d'une manière équilibrée entre l'oral et l'écrit.

Enfin, certains savoir-faire ayant été approfondis dans *La Messagerie*, Pratique de la communication commerciale en français, (normes de la lettre, rédaction de lettres, etc.) et dans *La Voyagerie*, Pratique du français du tourisme, (conseiller, renseigner, localiser, etc.), l'enseignant peut se reporter à ces deux ouvrages s'il désire proposer à ses étudiants un travail plus systématique de certains points.

module	HÔTELLERIE	
1	exercices 1 - 2 - 3 - 4 - 5 - 6 - 9 - 10 - 11 - 12 - 13 - 14 - 15 - 16 - 17 - 18 - 19 - 20 - 21	
2		
3	exercices 1 - 2 - 3 - 4 - 5 - 6 - 7 - 8 - 9 - 10 - 11 - 12 - 13 - 14 - 15 - 16 - 17	
4	exercices 1 - 2 - 7 - 10 - 11 - 12 - 13 - 14 - 15 - 16 - 17 - 21 - 22 - 23 - 24 - 25 - 27 - 28	
	Première année	**Deuxième année**
1	**1.** Les différents types d'entreprises hôtelières et de restauration en France **3.** Les étoiles **4.** L'hôtel Beauséjour **5.** L'hôtel-restaurant Azur*** **6.** L'hôtel-restaurant Galaxie****L **10.** Devinettes **11.** Caractérisation **20.** Le hall d'accueil de l'hôtel Galaxie****L **21.** Localiser	**2.** Accor avance à pas comptés **9.** D'une langue à l'autre **12.** Le professionnel 5 étoiles **13.** Comment s'écrit… ? **14.** Un professionnel **15.** Les certifications françaises **16.** D'un pays à l'autre **17.** Le dites-vous bien ? **18.** Curriculum vitae **19.** On recrute
2	*	
3	**1.** L'appel d'offre **2.** L'offre **3.** La commande **4.** La confirmation de commande **5.** Modification et annulation de commande **6.** La lettre de réclamation **7.** D'une langue à l'autre **15.** Entre vous soit dit **16.** Les réservations par téléphone **17.** Répondre à une lettre de réservation	**8.** Analyse d'une publicité **9.** L'encart publicitaire **10.** Création d'une publicité **11.** Création d'un encart publicitaire **12.** Carte privilège **13.** Analyse d'un publipostage **14.** Rédaction d'un publipostage
4	**14.** Planning d'occupation journalière **15.** Planning de type Whitney **22.** Entre vous soit dit **23.** Savoir conseiller en renseignant **24.** Réclamations	**1.** Salutations **2.** Le dites-vous bien ? **7.** Le client est satisfait de la table qui lui a été réservée **10.** Le réceptionnaire se met au service du client **11.** Le réceptionnaire cherche à connaître les besoins du client **12.** Le réceptionnaire vérifie qu'il a bien compris les souhaits du client **13.** Jeu de rôles impromptu **16.** D'une langue à l'autre **17.** Synthèse : hôtel des Mimosas **21.** Le service des chambres **25.** Note et addition **27.** Prendre congé **28.** Jeu de rôles

* L'enseignant peut choisir des exercices apportant des éléments de civilisation (par exemple : les Français et le vin, la dégustation, le champagne…).

module	RESTAURATION	
1	exercices 1 - 3 - 5 - 6 - 8 - 9 - 10 - 11 - 12 - 13 - 14 - 15 - 16 - 17 - 18 - 19 - 21 - 23	
2	exercices 1 - 2 - 3 - 4 - 5 - 6 - 7 - 8 - 9 - 10 - 11 - 12 - 13 - 14 - 15 - 16 - 17 - 18 - 20 - 25 - 26 - 27 - 28 - 29 - 30 - 31 - 32 - 33 - 34 - 35 - 36 - 37 - 38 - 39 - 40 - 41 - 42 - 43	
3	exercices 1 - 2 - 3 - 4 - 5 - 6 - 7 - 8 - 9 - 10 - 11 - 12 - 13 - 14 - 15 - 16 - 17	
4	exercices 1 - 2 - 3 - 4 - 5 - 6 - 7 - 8 - 9 - 18 - 19 - 20 - 22 - 23 - 24 - 25 - 26 - 27	
	Première année	**Deuxième année**
1	**1.** Les différents types d'entreprises hôtelières et de restauration en France **3.** Les étoiles **5.** L'hôtel-restaurant Azur*** **6.** L'hôtel-restaurant Galaxie****L **8.** Au restaurant **10.** Devinettes **11.** Caractérisation **21.** Localiser **23.** Etude de cas : les services annexes au restaurant	**9.** D'une langue à l'autre **12.** Le professionnel 5 étoiles **13.** Comment s'écrit… ? **14.** Un professionnel **15.** Les certifications françaises **16.** D'un pays à l'autre **17.** Le dites-vous bien ? **18.** Curriculum vitae **19.** On recrute
2	**1.** Les légumes frais **2.** Légumes et modes de cuisson **3.** Les légumes primeurs **4.** Viandes **5.** Préparations culinaires de la viande **6.** Faites connaissance avec les poissons **7.** Poissons et modes de cuisson **8.** Mollusques et crustacés **9.** Saveurs et parfums **10.** Epices, aromates et condiments **11.** Etes-vous un connaisseur d'épices, d'aromates et de condiments ? **12.** Des mots pour le dire : la quantité **13.** Les sauces **14.** Des verbes pour le dire **15.** Les fruits en cuisine **16.** Comment s'écrit… ? **17.** Cet été, pâtissez ! **18.** Pâtes, pâtissez, pâtisserie **20.** Des ingrédients… à la carte **25.** Présenter un plat au client **26.** Analyse des menus **27.** Analyse d'une carte **34.** Sondage : les Français et le vin **35.** Les régions vinicoles françaises **36.** Le domaine Rabiéga **37.** La dégustation **38.** Savoir lire l'étiquette d'un vin **39.** Accord des mets et des vins **41.** Le service du vin en salle	**28.** A chaque restaurant son menu **29.** Portrait toqué **30.** D'un pays à l'autre **31.** Le cantal **32.** Appellations : pas si simple **33.** Nos terroirs à l'étranger **40.** La Tamarissière **42.** Le champagne **43.** Les champagnes

module	RESTAURATION	
	Première année	**Deuxième année**
3	**8.** Analyse d'une publicité **9.** L'encart publicitaire **10.** Création d'une publicité **11.** Création d'un encart publicitaire **12.** Carte privilège	**1.** L'appel d'offre **2.** L'offre **3.** La commande **4.** La confirmation de commande **5.** Modification et annulation de commande **6.** La lettre de réclamation **7.** D'une langue à l'autre **13.** Analyse d'un publipostage **14.** Rédaction d'un publipostage **17.** Répondre à une lettre de réservation
4		**1.** Salutations **2.** Le dites-vous bien ? **3.** Découvrez le restaurant du Parc **4.** Proposer une table **5.** On peut satisfaire le vœu du client **6.** On ne peut pas satisfaire le vœu du client **7.** Le client est satisfait de la table qui lui a été réservée **8.** D'une langue à l'autre : le client n'est pas satisfait de la table qui lui a été réservée **9.** Plus que prévu **18.** Présenter la carte **19.** Prendre la commande **20.** Le bon de commande **22.** Entre vous soit dit **23.** Savoir conseiller en renseignant **24.** Réclamations **25.** Note et addition **26.** L'addition s'il vous plaît ! **27.** Prendre congé

module	CUISINE	
1	exercices 1 - 3 - 7 - 8 - 9 - 10 - 11 - 13 - 15 - 17 - 18 - 19 - 22 - 23	
2	exercices 1 - 2 - 3 - 4 - 5 - 6 - 7 - 8 - 9 - 10 - 11 - 12 - 13 - 14 - 15 - 16 - 17 - 18 - 19 - 20 - 21 - 22 - 23 - 24 - 26 - 27 - 28 - 29 - 31 - 32 - 33 - 34 - 35 - 36 - 37 - 38 - 39 - 42 - 43	
3	exercices 3 - 4 - 5 - 6	
4	exercices 1 - 2 - 3 - 20 - 21 - 24 - 27	
	Première année	**Deuxième année**
1	**1.** Les différents types d'entreprises hôtelières et de restauration en France **3.** Les étoiles **7.** En cuisine **8.** Au restaurant **10.** Devinettes **11.** Caractérisation **22.** Equipements **23.** Etude de cas : les services annexes au restaurant	**9.** D'une langue à l'autre **13.** Comment s'écrit… ? **15.** Les certifications françaises **17.** Le dites-vous bien ? **18.** Curriculum vitae **19.** On recrute
2	**1.** Les légumes frais **2.** Légumes et modes de cuisson **3.** Les légumes primeurs **4.** Viandes **5.** Préparations culinaires de la viande **6.** Faites connaissance avec les poissons **7.** Poissons et modes de cuisson **8.** Mollusques et crustacés **9.** Saveurs et parfums **10.** Epices, aromates et condiments **11.** Etes-vous un connaisseur d'épices, d'aromates et de condiments ? **12.** Des mots pour le dire : la quantité **13.** Les sauces **14.** Des verbes pour le dire **15.** Les fruits en cuisine **16.** Comment s'écrit… ? **18.** Pâtes, pâtissez, pâtisserie **21.** Apprentissage **22.** Comment faites-vous ? **23.** Comment s'écrit… ? **34.** Sondage : les Français et le vin **35.** Les régions vinicoles françaises **36.** Le domaine Rabiéga **38.** Savoir lire l'étiquette d'un vin	**17.** Cet été, pâtissez ! **19.** Les échanges en cuisine **20.** Des ingrédients… à la carte **24.** Puzzle gourmand **26.** Analyse des menus **27.** Analyse d'une carte **28.** A chaque restaurant son menu **29.** Portrait toqué **31.** Le cantal **32.** Appellations : pas si simple **33.** Nos terroirs à l'étranger **37.** La dégustation **39.** Accord des mets et des vins **42.** Le champagne **43.** Les champagnes

module	CUISINE	
	Première année	**Deuxième année**
3		**3.** La commande **4.** La confirmation de commande **5.** Modification et annulation de commande **6.** La lettre de réclamation
4		**1.** Salutations **2.** Le dites-vous bien ? **3.** Découvrez le restaurant du Parc **20.** Le bon de commande **21.** Le service des chambres **24.** Réclamations **27.** Prendre congé

MODULE 1
Un lieu et des professionnels

1. L'hôtellerie et la restauration en France

Exercice 1 : p. 10

1. Les hôtels et restaurants indépendants. Les chaînes hôtelières ou de restauration. – 2. Les indépendants. – 3. Dans le cas d'une chaîne volontaire, il s'agit simplement d'un groupement d'hôteliers alors qu'une chaîne intégrée est une entreprise commerciale contrôlée par un groupe financier. – 4. Améliorer la qualité de leur produit. Développer leurs moyens publicitaires. – Abaisser les coûts. Augmenter la clientèle. – 5. Il doit verser une partie de son budget annuel sur un fonds commun. – 6. Tous les établissements ont la même structure et leur administration est centralisée au siège social : c'est une société. – 7. La chaîne se crée une image de marque et propose aux hôteliers restaurateurs une centrale d'achats, de réservation mais aussi des formations et un service publicité central. – 8. Le franchisé conserve son autonomie financière.

☞ *Pour être franchisé, le restaurateur ou l'hôtelier doit, au départ, investir des capitaux et ensuite il doit verser un pourcentage de son chiffre d'affaires (les royalties).*

☞ *Les principales chaînes hôtelières volontaires françaises sont :*
– Logis et auberges de France (environ 5000)
– Les Relais et Châteaux (environ 150)
– Les Relais du silence (environ 150)
Les principales chaînes intégrées sont :
– Accor : Formule 1, Ibis, Urbis, Mercure, Novotel, Sofitel... (environ 8000)
– Pullman International Hôtels : Altéa, Arcade, Pullman, PLM Azur (environ 220)
– Meridien (environ 54)
Les franchisés sont rattachés à des chaînes intégrées.

Exercice 2 : p. 11

1. Les mots à placer sont, dans l'ordre :
groupe leader – marchés – diversification – haut de gamme – réseau – équipement – offre – réservations – chaînes – centres d'affaires – thalassothérapie – créneau – étoiles – produits.

2. Proposition
La moitié du chiffre d'affaires du groupe Accor est constitué par l'hôtellerie, un quart par la restauration. Le reste se partage entre tourisme et voyages d'affaires principalement puis location de voitures, transport ferroviaire et titres de service.

3. Proposition
1. Un atout d'Accor est de proposer des produits d'hôtellerie économique, tels que les hôtels Formule 1, car ce sont ces produits qui résistent le mieux à la crise économique.
2. Le principal problème du secteur de l'hôtellerie est le suréquipement de certaines grandes villes, la demande de services hôteliers augmentant moins vite que le nombre d'hôtels. Accor peut vaincre cet obstacle grâce à son système de réservations très efficace.
3. Une autre force d'Accor est sa politique de diversification : en effet, à côté des produits hôteliers, le groupe crée des centres d'affaires, des centres de thalassothérapie et vise les marchés internationaux.

Exercice 3 : p. 13

1. a) *très* confortable – *assez* confortable – un *très* grand confort – un personnel *très* nombreux – des chefs de service *très* compétents – équipement *plus* simple, *moins* coûteux *que* celui des... – clients *moins* exigeants – personnel en nombre *beaucoup plus* restreint – personnel en nombre *encore plus* restreint

b) 1. *les moins* luxueux – 2. *les plus* luxueux – 3. *encore plus* confortables *que* – 4. *bien moins* confortables *que* – 5. *plus* coûteux *que* – 6. *très* luxueux – 7. *plus de* personnel *que* – 8. *le moins de* personnel – 9. *aussi* confortable *qu'*– 10. *autant de* qualifications *que* – est *meilleure que* celle – *mieux* formé *que*

2. a) Les installations d'un restaurant 3 *** sont *plus* confortables *que* celles d'un 2**. – Les installations d'un restaurant 4****L sont *beaucoup plus* confortables *que* celles d'un 3*** – Le restaurant 2** a des installations *moins* luxueuses *que* celles d'un restaurant 3***.

b) La cuisine d'un 2** est *de même* qualité *que* celle d'un restaurant 1* – La cuisine d'un 2** est *de qualité identique à* celle d'un restaurant 1*. – La cuisine d'un 3*** est de *meilleure* qualité *que* celle d'un 2**. – Celle d'un 4**** est de *bien meilleure* qualité *que* celle d'un 3***.

c) Il y a *moins de* lavabos dans un restaurant 2** *que* dans un restaurant 3***. – Il y a *plus de* lavabos dans un restaurant 3*** *que* dans un restaurant 2**. – Le nombre de lavabos est *plus* important dans un restaurant 3*** *que* dans un 2**. Le nombre de lavabos est *moins* important dans un restaurant 2** *que* dans un 3***. – Les installations sanitaires d'un restaurant 4**** sont *beaucoup plus* soignées *que* celles des restaurants des autres catégories.

d) Le personnel d'un restaurant 3*** est *très* qualifié. Le personnel d'un restaurant 3*** est *plus* qualifié *que* celui des restaurants de catégorie inférieure. – Il faut *moins de* qualifications pour travailler dans un restaurant 1 ou 2 étoiles *que* dans des restaurants de catégorie *supérieure*.

e) La carte d'un restaurant 1* est *la plus* simple. – La carte d'un restaurant 4**** est *la plus* variée.

2. Les métiers de l'hôtellerie et de la restauration

Exercice 4 : p. 17

L'organigramme de l'hôtel est le suivant :
Propriétaire / gérant : Gérard Dupuis – responsable d'étages : Jocelyne Dupuis – réceptionnaire : Chantal Richot – veilleur de nuit : Pierre Berthelot – femmes de chambre : Isabelle Nicolet, Jacqueline Padel et Sophie Féron – lingère : Annie Castelli.

> ☞ *L'hôtel Beauséjour représente un hôtel de catégorie 1 ou 2 étoiles.*

Exercice 5 : p. 18

1. Directeur – 2. Sous-directeur – 3. Chef de réception – 4. Gouvernante – 5. Maître d'hôtel – 6. Chef de cuisine – 7. Responsable entretien – 8. Réceptionnaire – 9. Secrétaire – 10. Réceptionnaire de nuit – 11. Femmes de chambres – 12. Femmes de ménage – 13. Lingères

Exercice 6 : p. 19

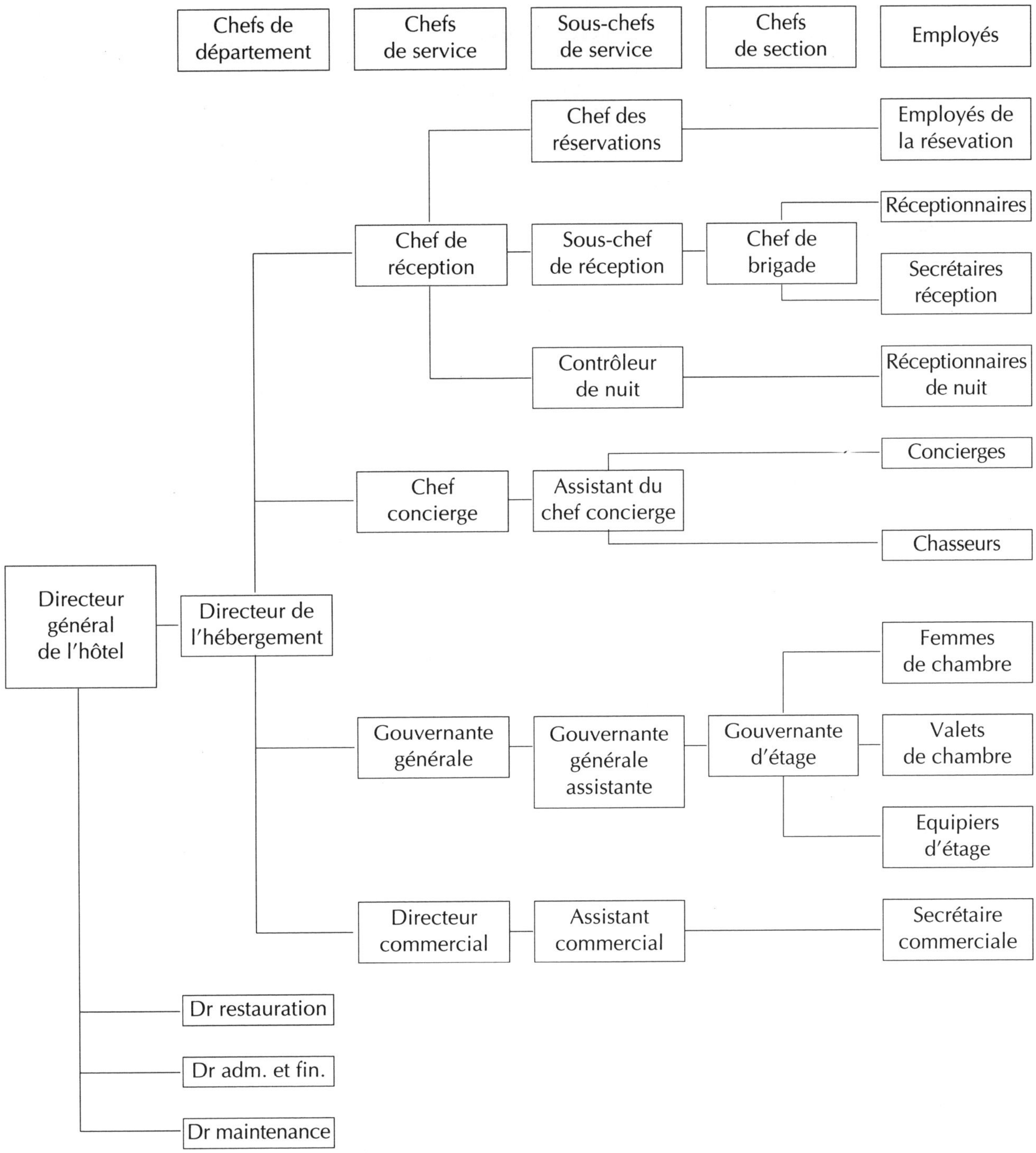

Exercice 7 : p. 20

a) 1. garde-manger – 2. entremétier – 3. saucier – 4. pâtissier – 5. chef des cuisines – 6. poissonnier – 7. communard – 8. rôtisseur-grillardin – 9. chef du froid – 10. tournant – 11. sous-chef des cuisines – 12. chefs de partie

b) *Brigade moyenne*

Chefs des cuisines

Sous-chef des cuisines

Chefs de partie

Entremétier Saucier Rôtisseur-grillardin Garde-manger Pâtissier

\+ éventuellement des commis et des apprentis.

Petite brigade

Chef des cuisines

Chef(s) de partie

Commis

\+ éventuellement des apprentis.

Exercice 8 : p. 22

Horizontales : a) boisson b) sommelier c) cave d) bar e) rang f) commise g) service i) responsable – réception k) serveur – commande m) restaurant n) gère o) salle p) hôtesse – repas r) maître d'hôtel

Verticales : 2. servir 3. chef 4. plats 5. garçon 6. carré 9. commis débarrasseur 12. gérant 13. ranger 14. vins 15. encadrer 16. brigade 18. menu 20. clientèle 21. carte

3. Quel profil pour quel poste ?

Exercice 10 : p. 25

a) 1. directeur d'hôtel restaurant – 2. maître d'hôtel – 3. réceptionnaire

b) 1. *que* : remplace un complément d'objet direct
à qui : remplace un complément (personne) construit avec la préposition *à*.
qui : remplace un sujet

2. *dont* : remplace un complément d'un nom précédé de *de*.
où : remplace un complément de lieu.
sous les ordres de qui : remplace un complément (personne) construit avec un groupe prépositionnel avec *de*.

3. *grâce à qui* : complément (personne) construit avec un groupe prépositionnel avec *à*.
pour qui : remplace un complément (personne) précédé d'une préposition autre que *à* ou *de*.
dans lesquels : remplace un complément (chose) précédé d'une préposition autre que *à* ou *de*.

Exercice 11 : p. 27

1. pour lequel – qui – dont – dans lequel – en qui – 2. à laquelle – sur qui – qui – pour qui – dont – 3. qui – dont – à qui – grâce à qui – que

Exercice 12 : p. 28

1. 1. bon contact – amabilité – courtoisie – grande aptitude aux relations humaines – maîtrise de soi – excellente présentation
2. diplomatie – patience – maîtrise de soi
3. discrétion – attention – sens de l'accueil – talent de physionomiste – maîtrise d'une ou deux langue(s) étrangère(s) – disponibilité permanente

4. esprit d'initiative – vivacité d'esprit – bonne mémoire – méthode – rapidité
5. bonne résistance physique et nerveuse

2. Constructions possibles

☞ *Attention au choix et à la place des adverbes*

- Pour ces métiers,
  - il est (absolument) indispensable... (vraiment)
  - il est (très) souhaitable de...
  - il est (absolument) nécessaire de... (vraiment)
- Le professionnel
  - doit (absolument) faire preuve de... (vraiment)
  - doit (absolument) avoir... (vraiment)
  - doit (absolument) être... (vraiment)
- Le travail
  nécessite (absolument)
  demande (vraiment)
  requiert
  exige
  impose
  suppose
  } un / d'avoir / d'être

3. Proposition

Les métiers de l'hôtellerie et de la restauration sont tout d'abord des métiers de contact. *Ils demandent donc* d'avoir un bon contact, *de faire preuve de* courtoisie et d'amabilité *mais aussi* d'une grande aptitude aux relations humaines *et enfin* d'avoir une excellente présentation.

Ces métiers sont ensuite des métiers de service. *Ainsi, ils nécessitent évidemment* d'avoir le sens de l'accueil, *c'est-à-dire* une grande discrétion, de l'attention, une disponibilité permanente. *D'autre part, il est très souhaitable d'*être physionomiste et de maîtriser une ou deux langue(s) étrangère(s).

De plus, dans l'exercice de cette profession, on a souvent à faire à des clients difficiles ou exigeants. *Par conséquent, cela suppose* de la diplomatie, de la patience et une grande maîtrise de soi.

En quatrième lieu, la nature commerciale de ces métiers exige une grande efficacité. *C'est pourquoi* l'esprit d'initiative et la vivacité d'esprit ainsi qu'une bonne mémoire *sont des atouts indispensables.* La méthode et la rapidité *sont aussi des qualités importantes.*

Enfin, les conditions de travail *requièrent* une bonne résistance physique et nerveuse.

☞ *– Dans le cas d'étudiants de niveau avancé, l'exercice se fera tel qu'il est proposé.*
– Dans le cas d'étudiant d'un niveau plus faible, il est conseillé de leur donner la matrice du texte (éléments en italique dans le corrigé).

Exercice 13 : p. 30

a) 1. J'ai choisi ce métier parce que j'aime les contacts. – 2. J'ai obtenu mon diplôme il y a trois mois. – 3. J'ai fait un séjour de deux mois en France, ainsi j'ai pu améliorer mon français. – 4. Un bon professionnel doit être disponible, discret et courtois. – 5. Ce métier me plaît parce que c'est un métier de contact qui n'est pas routinier et qui permet de mettre en pratique son sens des responsabilités. – 6. Ce qui m'intéresse surtout, c'est de participer à la gestion d'un établissement hôtelier. – 7. Ayant travaillé pendant des vacances comme commis, j'ai découvert ce secteur d'activité ; c'est pourquoi j'ai ensuite décidé de suivre des études d'hôtellerie et de restauration. – 8. Mes qualités personnelles ? Je pense que la principale de mes qualités, c'est la rapidité, j'aime aussi prendre des initiatives et j'ai une excellente mémoire.

4. Formation et recrutement

Exercice 14 : p. 31

Transcription

Q. Bonjour monsieur Depret. Je vous remercie d'avoir bien voulu répondre à quelques-unes de mes questions.
R. Je vous en prie, c'est tout à fait normal.
Q. Vous êtes donc installé ici depuis huit ans...
R. Oui, ma femme et moi, nous avons repris l'Hôtel des Alpes au moment où la station a commencé à se développer. Oh ! C'était un tout petit établissement, très familial, que nous avons peu à peu rénové, transformé et auquel nous avons ajouté un restaurant, qui fonctionne maintenant depuis cinq ans.
Q. Et vous avez obtenu votre deuxième étoile il y a quelque temps déjà...
R. Oui, ça ne fait pas très longtemps, l'année dernière. Ah... c'est la récompense de beaucoup de travail.
Q. Et vous avez beaucoup de personnel ?
R. Vous savez, au début, on était tous les deux ma femme et moi. Mais maintenant nous avons 35 chambres, plus la salle de restaurant, donc, forcément, il faut du personnel. Pour l'hôtel, nous avons un réceptionnaire, une lingère et trois femmes de chambre. Mon épouse est là pour me seconder pour la gestion, qui est assez lourde maintenant.
Q. Et pour la partie restauration ?
R. Là, j'ai sept personnes ; quatre en salle : un maître d'hôtel, trois serveurs ; et en cuisine, j'en ai trois : le chef, bien sûr, un aide et un commis.
Q. Votre effectif est fixe ?
R. Oh non, parce que nous sommes ouverts en hiver et en été. En hiver, en pleine saison, j'ai souvent besoin d'un ou deux serveurs supplémentaires et d'un autre commis en cuisine.
Q. Justement, puisque vous parlez de saison, vous avez une différence de clientèle entre l'été et l'hiver ?
R. Oui, bien sûr. En hiver, il s'agit plutôt d'une clientèle de sportifs, qui vient pour le ski, les sports de neige, qui reste souvent une semaine ou un week-end. L'été notre clientèle est plus familiale mais aussi composée de passionnés de randonnée, un peu plus âgés, ou alors de sports de grimpe... ce qui est normal en montagne...
Q. Vous m'avez dit que vous avez acheté cet établissement il y a quelques années... Vous pouvez me dire quel a été votre parcours professionnel ?
R. Il a été tout à fait classique. J'ai d'abord fait l'Ecole hôtelière puis, après, j'ai fait un diplôme de gestion. A l'époque, je ne savais pas que j'allais acheter un hôtel mais je me disais que ça pourrait toujours me servir.
Q. Et vous avez acheté votre hôtel tout de suite ?
R. Oh non... d'abord je n'avais pas d'argent et puis, je n'y pensais même pas, j'étais jeune. Je suis entré comme adjoint dans un petit hôtel où je suis resté cinq ans. Comme il fallait être polyvalent, ça m'a donné une expérience très intéressante... qui a d'ailleurs convaincu les banquiers, quand j'ai eu besoin de faire un emprunt pour me mettre à mon compte.
Q. Et qu'est-ce qui vous a décidé ?
R. C'était une idée qui me trottait un peu dans la tête et puis c'est ma femme qui m'a encouragé. Elle est gestionnaire de formation et elle pensait qu'on y arriverait... et vous voyez, nous sommes là !
Q. Et maintenant, en tant que patron, quels sont vos critères de recrutement ?
R. Ils tiennent en trois mots : qualification, présentation, sens de l'accueil.
Q. Alors reprenons-les dans l'ordre : d'abord « qualification »...
R. Les gens qui travaillent pour moi doivent d'abord avoir une formation solide ; je pense que de nos jours, c'est vraiment incontournable. Ensuite, une expérience professionnelle réussie ajoute évidemment un plus.
Q. Présentation ?
R. Dans nos métiers de service, c'est très important. A l'accueil, en salle, la première impression du client, elle se forme sur la ou les personnes qu'il rencontre. C'est pour cela que je demande une excellente présentation. Et bien sûr les qualités qui vont avec, le sens de l'accueil, un bon contact, de la patience, le sourire...
Q. La perfection, quoi !
R. C'est un peu ça, en effet... Et les clients apprécient.
Q. En résumé, ce que vous recherchez, c'est la compétence.
R. Oui... comme tous les patrons, vous ne croyez pas ?

1. Il s'agit de M. Depret, propriétaire et directeur de l'Hôtel des Alpes. – 2. Après l'école hôtelière, il a obtenu un diplôme de gestion. Il a occupé pendant cinq ans le poste de directeur adjoint dans un hôtel de petite taille. Il a acheté l'Hôtel des Alpes il y a huit ans. – 3. Il est situé dans une station de moyenne montagne. Il a reçu sa deuxième étoile l'année dernière. L'hôtel compte 35 chambres. M. Depret emploie 12 personnes, plus quelques extras en haute saison. – 4. Ses trois critères sont: qualification, présentation, sens de l'accueil. – 5. Il recrute des personnes compétentes, qui sont diplômées d'une école hôtelière. Il apprécie aussi l'expérience. Ses employés doivent avoir une excellente présentation et posséder des qualités d'accueil (bon contact, amabilité, patience).

Exercice 15: p. 31

1. a) j'ai obtenu – Je suis entré – j'ai suivi – j'ai discuté – j'avais très envie – ça m'a toujours plu – je faisais – j'adorais ça – étaient – ont inscrit – a dit – il fallait – J'ai eu – cherchait – J'ai donc fait – j'allais – je travaillais – était – j'ai beaucoup appris – j'ai pu – je me suis rendu compte – c'était – je voulais – J'ai bien sûr cherché – j'ai d'abord trouvé –j'ai été embauché

> ☞ *L'enseignant pourra faire faire ici d'autres exercices sur le passé composé et l'imparfait s'il le juge nécessaire.*

2. Transcription

Question: Vous travaillez tous les deux dans l'hôtellerie. Pouvez-vous nous expliquer quelles études vous avez faites?
Marianne: Eh bien, moi, j'ai obtenu un BTS d'hôtellerie l'année dernière.
Stéphane: Ah! moi, ça fait plus longtemps que j'ai fini mes études puisque j'ai eu mon BEP en 1990.
Question: Marianne, commençons par vous. Avant vos études supérieures, vous avez suivi quelle filière?
Marianne: Après la troisième je suis rentrée dans un lycée hôtelier où j'ai continué de la seconde à la terminale. J'ai passé le bac technique.
Question: Et vous?
Stéphane: Comme Marianne j'ai choisi mon orientation à la fin du collège. Je suis allé dans un lycée professionnel. J'ai préparé le BEP restauration en deux ans.
Question: Et pour le BTS, Marianne, quelle est la durée des études?
Marianne: Deux ans après le bac.
Question: Et vous, Stéphane, après votre BEP vous n'avez pas eu envie de continuer?
Stéphane: J'aurais pu entrer en première pour avoir ensuite un bac technique, mais il fallait que je travaille, alors je me suis arrêté là.
Question: Et vous le regrettez?
Stéphane: Non, pas du tout, parce que j'ai un boulot qui me plaît bien. Je travaille depuis deux ans maintenant dans un restaurant. J'adore ça...
Marianne: Je te comprends. J'ai trouvé une place en octobre. Je suis à la réception dans un hôtel.
Question: Et vous avez trouvé ce travail tout de suite après avoir eu votre diplôme?
Marianne: J'ai eu de la chance. J'ai fait mon deuxième stage, celui de deux mois à la fin de l'année, dans un hôtel; ça s'est bien passé et j'ai été embauchée.

Exercice 18: p. 35

1. 1. Le CV se compose de trois parties: état-civil, formation, expérience professionnelle. – 2. Nom, prénom, date et lieu de naissance, situation de famille, situation militaire (pour les hommes), adresse, numéro de téléphone. – 3. L'ordre est: date, diplôme obtenu (avec précision des spécialisations), lieu d'obtention. – 4. L'ordre est: dates, emploi occupé, employeur. – 5. a. Ils sont célibataires – b. marié(e) (X enfant(s)), divorcé(e), séparé(e), veuf (veuve). – 6. Dégagé obligations militaires. – 7. Il s'agit de la date à partir de laquelle elle est disponible.

2.

> ☞ *Veiller à la bonne utilisation des temps du passé (imparfait, passé composé).*
> Exemple: *J'ai obtenu mon CAP en...; J'ai travaillé comme...; Je voulais travailler dans l'hôtellerie parce que...*

5. Les lieux de travail

Exercice 20 : p. 37

a)

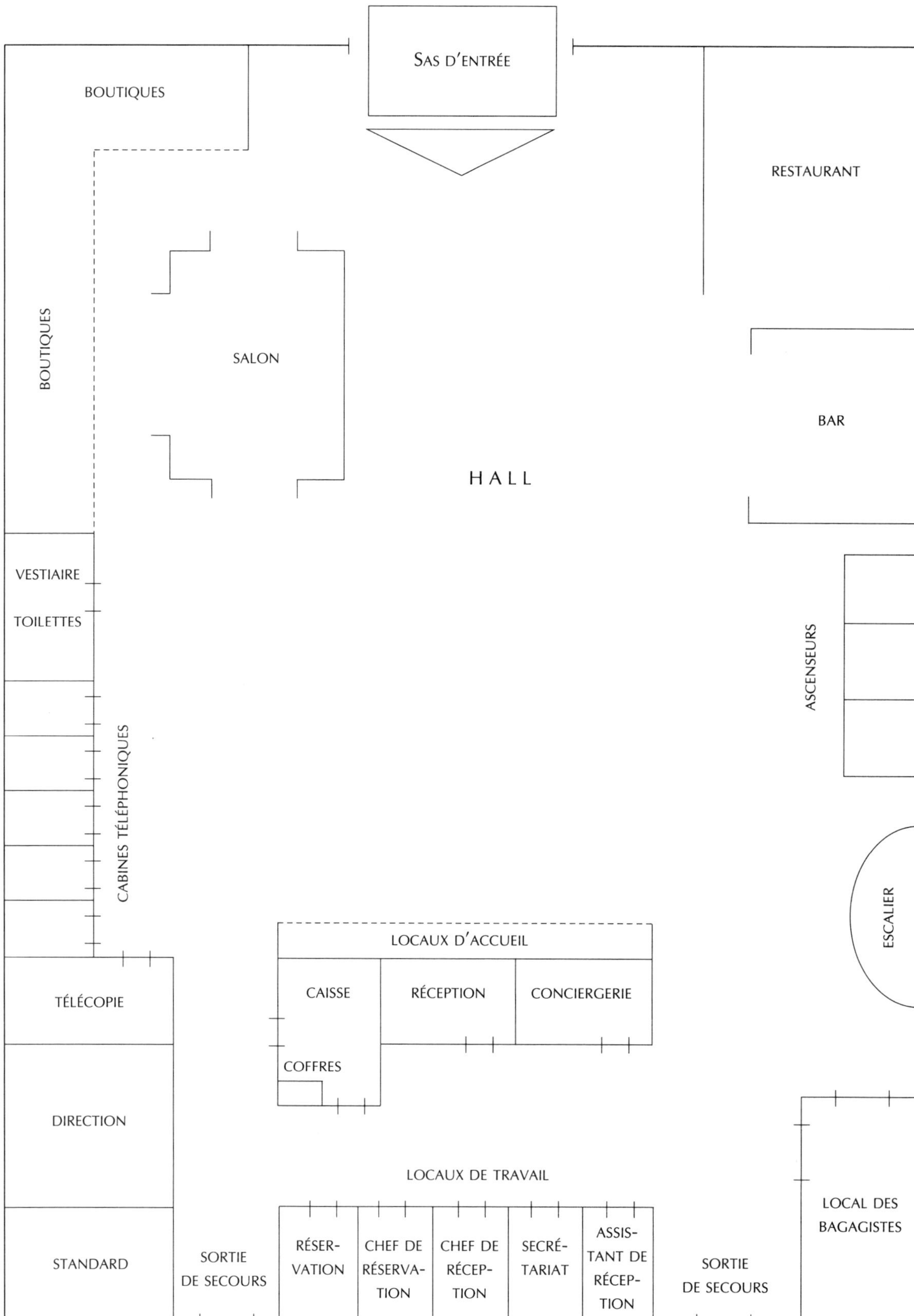

b) *Devant*: en face de – face aux
A gauche: à l'extrême gauche – à sa gauche – à gauche
Dans: au centre des
A droite: à droite de – à sa droite – à l'extrême droite des – sur la droite du – à droite des – sur la droite
Derrière: au fond du – juste après
→ : près de – (juste) à côté de
↕ : entre

Exercice 22 : p. 40

1. Satisfaire les besoins de la clientèle – satisfaire les besoins économiques de l'entreprise (profit) – satisfaire les besoins du personnel

2. a) Economat général (épicerie) – économat du jour (denrées périssables) – chambres frigorifiques (produits frais) – chambres de surgélation (produits surgelés) – réserves (mobilier, matériel) – cave et cave du jour (vins et spiritueux) – lingerie

b) *Production*: cuisines, pâtisserie, caféterie – *Vente*: salles de restaurant, bar, salons pour banquets, réunions, chambres (petits déjeuners, repas) – *Nettoyage, Lavages*: laverie vaisselle, plonge-batterie, verrerie, blanchisserie – *Entretien, Personnel*: ateliers, vestiaires + sanitaires, salle à manger, foyer, chambres – *Administration*: bureaux

☞ *Vérifier la connaissance des mots :*
– laverie vaisselle : lieu où s'effectue le lavage de la vaisselle
– plonge batterie : lieu où s'effectue le lavage des casseroles, poêles, etc. (batterie de cuisine)
– verrerie : lieu où s'effectue le lavage des verres
– ateliers : lieu où s'effectuent les réparations électriques, mécaniques...

Exercice 23 : p. 42

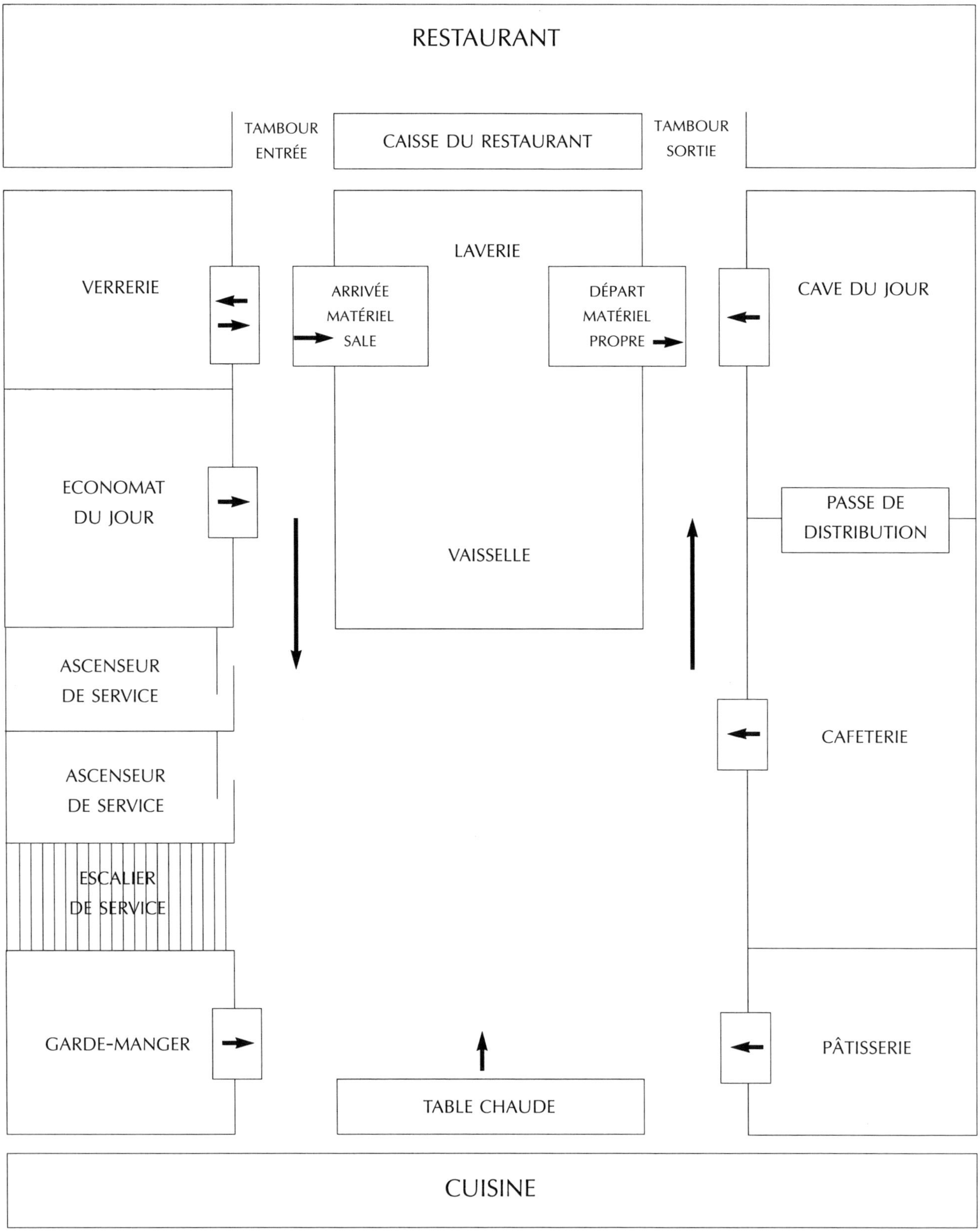

MODULE 2
Une organisation : les coulisses

1. Du produit au plat

Exercice 1 : p. 46

1. 1. l'ail – 2. l'oignon – 3. l'épinard – 4. le chou – 5. le haricot – 6. la tomate – 7. le maïs – 8. les petits pois – 9. la carotte – 10. le navet – 11. la pomme de terre
2. 1. le chou de Bruxelles – 2. lait, tu = la laitue – 3. art, ti, chaud = l'artichaut – 4. bête, rat, veux = la betterave – 5. sale, si, fi = le salsifis
3. endive – poivron – concombre – brocoli – céleri – échalote – fenouil – aubergine – courgette – flageolet – poireau – chou-fleur – asperge – champignon

Exercice 2 : p. 48

a) 1. cuire, bouillante, couvrir – 2. conserver, goût – 3. plonger, eau, attendrir – 4. saveur, cuisson, casserole – 5. préparation, cuillerée, ébullition – 6. matière grasse, abondante – 7. sucre, évaporation, caramélisation – 8. égoutter, dresser, fond, dorée – 9. huiler – 10. à feu vif, corps gras.

b) *Eau* : à l'anglaise, à la vapeur, blanchir, braiser, dans un blanc, glacer – *Matière grasse* : frire, griller, sauter – *Sauce* : gratiner

c) *A l'anglaise* : haricots, épinards, petits pois, choux de Bruxelles, choux verts, endives, brocolis, fenouils – *Blanchir* : choux-fleurs, artichauts, poireaux, salsifis, asperges, pommes de terre – *A la vapeur* : haricots, carottes, navets, pommes de terre, endives, brocolis, courgettes, choux-fleurs – *Braiser* : fenouils, céleris, endives – *Dans un blanc* : artichauts, salsifis – *Frire* : oignons, échalottes, aubergines, ails (ou aulx), pommes de terre, courgettes, poivrons, choux-fleurs – *Glacer* : carottes, navets, petits oignons – *Gratiner* : choux-fleurs, endives, courgettes, aubergines, fenouils, navets, salsifis, brocolis, poireaux – *Griller* : tomates, poivrons, champignons – *Sauter* : pommes de terre, carottes, haricots, champignons, artichauts, choux-fleurs, salsifis, courgettes

Exercice 3 : p. 50

Transcription

Le printemps est là, et bien là avec sa verdure éclatante de fraicheur, qui rime si joliment avec primeurs. Même si l'on ne manque pas de **salades** durant les mois d'hiver, celles d'avril n'ont pas la mollesse des laitues poussées en serre : elles sont légèrement croquantes, savoureuses et appétissantes à souhait.
Pour parfumer agréablement toutes ces salades, n'oubliez pas les **fines herbes** et les petits **oignons nouveaux,** qui vous attendent sagement rangés en bottes.

AU BONHEUR DU 1er MAI

En bottes également, les **radis** tout roses, tout bons, **l'oseille** nouvelle, toujours prête à venir relever une sauce ou une omelette, les **carottes** et les **navets** nouveaux. Pour ces deux derniers légumes, patientez jusqu'à mai, car en avril ils sont plus rares donc plus chers. La saison des délicieuses carottes grelots, d'ailleurs, ne commence que le 1er mai pour se terminer le 15 juin.

Carottes et navets primeurs s'achètent de préférence avec leurs fanes : bien vertes, elles témoignent de la fraicheur du produit. Autre légume primeur à ne pas manquer fin avril : la **pomme de terre,** à choisir bien peleuse, bien dure et bien ferme. En bottes, encore, **l'asperge** : c'est le légume-roi du deuxième trimestre, puisque qu'on y écoule près de 99 % de la production nationale. Même durant leur pleine période – avril-mai –, les asperges sont toujours chères. Pour en profiter plus avantageusement, attendez leur période de pointe en mai pour satisfaire vos légitimes envies.
Blanches, vertes ou violettes, les asperges doivent toujours être d'une extrême fraîcheur, avec des tiges bien rigides et lisses, sans meurtrissures, et des pointes bien serrées.
Plus raisonnable, **l'artichaut,** le gros vert de Bretagne comme le petit violet du Midi, est également en pleine production (d'avril à juin) ; vous l'achèterez « à l'œil », en vérifiant que ses écailles ne soient pas noircies sur les pointes et que la plaie de coupe soit récente. Les artichauts poivrades, qui se mangent crus, à la croque au sel, doivent être particulièrement frais sous peine d'être filandreux : achetez-les de préférence en bottes, avec des feuilles qui garantissent leur fraicheur.
Si les **poireaux,** qui sont décidemment de toutes les saisons, manquent d'originalité, vous pouvez néanmoins vous régaler de tendres poireaux baguettes. Et pour mettre un peu plus de fantaisie dans vos petits plats, tâchez de trouver des **pois gourmands** et de **jeunes fèves,** deux légumes printaniers en diable qui accompagnent aussi merveilleusement la viande que le poisson.

La bonne cuisine, n° 75, avril-mai 1987.

1.

LÉGUME	QUALITÉS ET CARACTÉRISTIQUES	CONSEILS ET SUGGESTIONS
salade	• légèrement croquantes, • savoureuses • appétissantes à souhait	• les parfumer avec les fines herbes et les petits oignons nouveaux
radis	• tout roses, tout bons	
oseille		• pour relever une sauce ou une omelette
carotte **navet**		• les acheter en mai pour qu'ils soient moins chers • les acheter avec leurs fanes
pomme de terre		• la choisir bien peleuse, bien dure et bien ferme
asperge	• légume roi du 2e trimestre • blanche, verte, violette • toujours chère	• les acheter en mai (leur pleine saison) • choisir celles qui ont une tige rigide et lisse, sans meurtrissure et des pointes bien serrées
artichaut	• gros vert de Bretagne • petit violet du Midi • d'un prix raisonnable	• les acheter « à l'œil », c'est-à-dire en regardant bien pour que les écailles ne soient pas noircies et que la coupe soit récente • les acheter en bottes avec des feuilles qui garantissent la fraîcheur
poireau	• de toutes les saisons • sans originalité	• choisir plutôt les poireaux baguettes car ils sont plus tendres
pois gourmand **fève**	• plus originaux	• accompagnent merveilleusement la viande ou le poisson

2.

☞ *Bien veiller à la construction des phrases :*
- *Il est recommandé* de les acheter *en mai*
- *Vous pouvez* les *préparer…*
- *Faites*-en *des salades.*
- *Faites* une *salade…*
- *Faites*-les *en salade…*
- *Je vous conseille* d'en faire *une omelette*
- *Je vous conseille* de les choisir…

Exercice 4 : p. 51

1. Le bœuf, le veau, le mouton et le porc.

☞ *Veiller à bien faire remarquer l'usage des appellations : on dit du bœuf et non de la vache, du porc et non du cochon.*

2. 1. carré découvert – 2. basses côtes – 3. – milieu de train de côtes – 4. pointe – 5. selle – 6. quasi – 7. rumsteck – 8. épaule – 9. poitrine – 10. plat de côtes couvert et découvert – 11. gigot – 12. cuisseau – 13. cuisse

Exercice 5 : p. 57

1. *Horizontalement :* b) A l'eau – découper e) trancher g) désosser j) pocher l) dénerver – frire n) crue o) farcir *Verticalement :* 2) larder 4) barder 5) paner 6) assaisonner 8) sauter 10) poêler 11) rôtir 13) piquer 15) griller – braiser
2. 1f – 2c – 3h – 4a – 5b – 6e – 7d – 8g
3. A) cuire à la casserole – B) cuire à la broche – C) cuire au four – D) cuire à la poêle
4. 1. V – 2. F (L'escalope de cuisseau est panée ; celle de la culotte peut être en ragoût et sautée.) – 3. F – 4. V (sauter) – 5. F (Elle peut être rôtie.) – 6. F – 7. V – 8. V – 9. F (La crosse, la charolaise et le derrière ne le peuvent pas.) – 10. V (C'est d'ailleurs la seule parmi toutes les viandes.) – 11. F (Les deux sont à griller et à sauter.) – 12. F (On prend le jumeau coupé dans le paleron.) – 13. V – 14. V – 15. F (Il est rôti.) – 16. F – 17. V – 18. V – 19. V – 20. F – 21. V – 22. F – 23. F (poêlé, rôti) – 24. F.

Exercice 6 : p. 63

1. Les noms de poissons se terminant par un « e » sont féminins ; ceux qui se terminent par une consonne sont masculins. Attention ! Le saint-Pierre est masculin. C'est l'adjectif qui l'indique, Pierre était un nom propre.
2. Il y en a 15 : saumon, brochet, saint-Pierre, turbot, lamproie, anguille, murène, mérou, anchois, hareng, rascasse, colin, merlu, morue, baudroie
3. – lamproie, anguille, anchois, hareng – rouget-grondin, colin – truite, turbot, murène, merlu, morue – mérou, rouget-grondin, loup
4. lieu/bar – thon/plie – lompe/raie
5. colin – murène
6. maquereau – cabillaud

Exercice 7 : p. 66

2. 1. passer / farine – 2. panés / à la poêle – 3. ciseler / fariner / cuisson – 4. enrobés / pâte à frire – 5. fumet – 6. court-bouillon – 7. vinaigrée – 8. mouiller / à couvert – 9. plat de service / beurré – 10. rissoler / réduire / monter 11. – garniture / papier aluminium – 12. à cru / cuits au four

Exercice 8 : p. 68

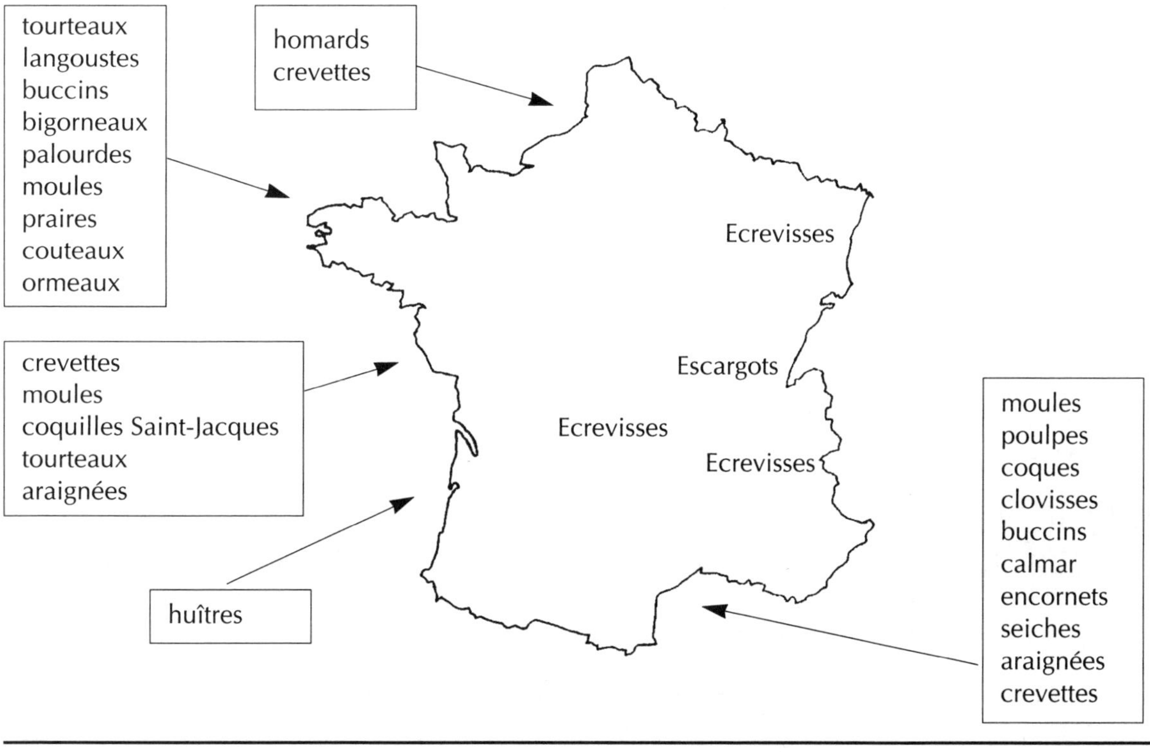

Exercice 9 : p. 70

a) *Ingrédients* : plantes aromatiques – épices – herbes fraîches – aromates – condiments – assaisonnement. *Qualification apportée* : parfumées – saveurs fortes,piquantes, douceâtres – parfum suave – saveurs rudes, acides, plus fortes – réhausser le goût – harmonie subtile – tonalité plus forte.

b) 1. romarin, sauge, laurier, sel, poivre, oignon, ail, thym, citron – 2. vanille, cardamone, genièvre, thym, vinaigre, sel, poivre – 3. gros sel, clou de girofle, cannelle, citron, poivre, laurier, thym, romarin, moutarde, ail – 4. sel, poivre, oignon, échalotes, ail, vinaigre, ciboulette – 5. herbes : aneth, cerfeuil, estragon – 6. ciboulette, paprika, cumin, sel, poivre, oignon, persil – 7. ail, persil, noix de muscade, origan (marjolaine), laurier, clous de girofle, sel, poivre – 8. herbes : estragon, ciboulette, cerfeuil, aneth, persil – 9. herbes de Provence, oignon, sel, poivre – 10. ail, fines herbes, sel, poivre, bouquet garni, oignon – 11. vinaigre, persil plat, estragon, aneth, coriandre, cumin – 12. oignon, clous de girofle, thym, laurier, sel, poivre, vinaigre, moutarde, jus de truffe – 13. thym, échalotes, ail, romarin, sel, poivre – 14. sauge, ciboulette, (vermouth), citron, sel, poivre – 15. moutarde, cerfeuil, ciboulette, cayenne, oignon, poireau, bouquet garni, céleri, thym, laurier, persil, sel, poivre, échalote, citron – 16. vinaigre, échalotes, ciboulette, poivre, sel, oignon, ail, bouquet garni (thym, laurier, persil) – 17. sel, poivre, persil, ciboulette, estragon, cerfeuil, basilic (herbes fraîches) – 18. bouquet garni (thym, laurier, vert de poireau, persil), oignon, clous de girofle, sel, poivre – 19. persil, estragon, échalotes, bouquet garni (queues de persil, laurier, thym, estragon) sel, poivre – 20. gingembre, citron, sucre, menthe – 21. fenouil, thym, laurier, safran, sel, poivre, citron – 22. cumin, noix de muscade, sel, poivre, citron – 23. moutarde, oignon, ail, thym, sel, poivre, cerfeuil, persil – 24. vinaigre, échalote, ciboulette, cerfeuil, sel, poivre – 25. cannelle, sucre – 26. aneth, fenouil, céleri, bouquet garni (thym, laurier, persil), coriandre, poivre, citron

c) *le bouquet garni* : thym, laurier, persil – *les fines herbes* : ciboulette, basilic, estragon, cerfeuil – *les herbes fraîches* : persil, estragon, cerfeuil, ciboulette, basilic – *les herbes de Provence* : thym, laurier, ciboulette, cerfeuil, estragon, romarin

Exercice 10 : p. 74

Epices : *saveur à dominance violente* : poivre (vert, rose...), paprika, cayenne, cardamone, gingembre – *saveur à dominance âcre* : clou de girofle, cannelle, aneth, cumin, noix de muscade, coriandre, safran, vanille – **Aromates** : *saveur spécifique* : romarin, sauge, laurier, thym, genièvre, cerfeuil, estragon, ciboulette, persil, marjolaine (origan), céleri, basilic (pistou), menthe, fenouil, truffe – **Condiments** : *saveur à dominance acide* : vinaigre, citron – *saveur à dominance âcre* : oignon, ail, échalote, poireau – saveur à dominance piquante : moutarde – *saveur saline* : sel (gemme...), gros sel – *saveur sucrée* : sucre

Exercice 11 : p. 75

1. Origan = 1 point
2. Cannelle = 1 pt (s'emploie aussi avec tous les plats et pâtisseries à base de pommes)
3. Ail = 1 pt
4. Curry = 1 pt
5. Basilic, cayenne, céleri, coriandre, échalote, estragon, gingembre, menthe, moutarde, paprika, 4 épices, raifort, thym (plus de 10 = 4 pts ; entre 5 et 10 = 2 pts ; moins de 5 = 1 pt)
6. Cumin = 2 pts (Munster : fromage alsacien au goût prononcé)
7. Aneth + fenouil = 2 pts – aneth + anis = 1 pt – un seul cité = 0
8. Genièvre = 1 pt
9. Basilic, ciboulette, cerfeuil, estragon, menthe, persil (plus de 4 = 3 pts ; moins de 4 = 1 pt)
10. Ail = 1 pt – clou de girofle = 1 pt
11. Poivre, sel, vinaigre, moutarde (les 4 = 3 pts ; moins de 4 = 1 pt)
12. Girofle, céleri, thym, romarin (les 4 = 3 pts ; 3 = 2 pts ; 2 = 1 pt)

Exercice 12 : p. 76

1. a) Une pincée de feuilles de romarin – une petite feuille de sauge – des pluches d'herbes – quelques feuilles d'aneth – quelques petits brins d'aneth – une petite branche de céleri – une branche de céleri – quelques queues de persil – une branchette de thym – un brin de thym – une brindille de thym.

> ☞ *Ces dénominations sont utilisées pour toute les plantes aromatiques.*

b)

brindille	branchette	pluche
petit brin	petite branche	petite feuille
brin	branche	feuille

c) une botte de…

2. Les baies (cardamone, genièvre) – les grains (de poivre, de coriandre) – les clous (de girofle) – les graines (de cumin) – la gousse (d'ail, de vanille)

3. 1. gousse, tête d'ail – 2. bâton de cannelle, cannelle en poudre – 3. un zeste, un jus, un filet, une rondelle de citron

4. *Poids*: X kilos de poires – X grammes de beurre – une belle tomate – *Volume*: X litres de bouillon – X décilitres (dl) d'huile d'olive – X centilitres (cl) de vinaigre, de jus de truffe – *Liquide*: un filet d'huile – *Poudre*: une pincée de sel, de cayenne – une cuillerée à soupe de fines herbes hachées – une cuillerée à soupe rase de farine – une cuillerée à café de gingembre – *Solide*: un morceau de sucre – une tranche de pain – une rondelle de saucisson – *Conditionnement*: un paquet de pâtes à raviolis chinois

Exercice 13 : p. 77

Sauces chaudes

• Base sauce Béchamel :	Aurore – curry – Mornay – moutarde – Soubise
• Base sauce demi-glace :	bordelaise – chasseur – diable – madère
• Base sauce hollandaise :	béarnaise – mousseline – Choron
• Base sauce tomate :	bolognaise – raifort – poulette
• Base sauce espagnole :	genevoise – poivrade
• Base sauce veloutée :	suprême – financière

Sauces froides

• Base sauce mayonnaise :	Chantilly – aïoli – Gribiche – ravigote – rémoulade

Exercice 14 : p. 82

a)

+	–		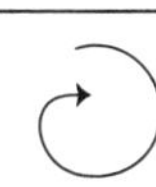	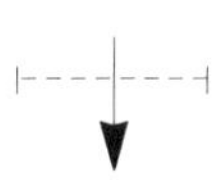	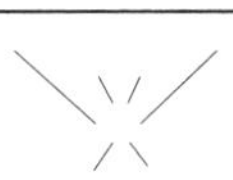
mettre ajouter mouiller lier additionner couvrir	réduire dégraisser enlever extraire épaissir	verser plonger	mélanger remuer battre	passer passer au chinois passer au tamis	couper rompre

b)

+	–		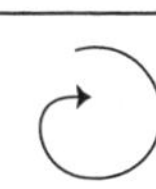	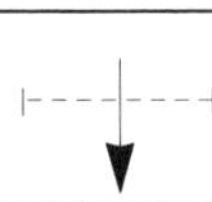	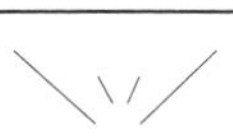
napper assaisonner parfumer piquer diluer relever rehausser	déglacer égoutter ôter presser	tremper	fouetter mixer	tamiser	casser écraser découper trancher hacher moudre émincer piler

c) faire fondre – cuire – revenir ; laisser cuire – refroidir – dorer

Exercice 15 : p. 83

A pépins: coing – figue – melon – pastèque – poire – pomme – *A noyau*: abricot – avocat – brugnon – cerise – datte – mangue – nectarine – pêche blanche – pêche jaune – prune – pruneau – *Agrumes*: citron – mandarine – orange – pamplemousse – *Baies*: airelle – cassis – groseille – myrtille – raisin – *A coque*: amande – noisette – noix – noix de coco – pistache – *Farineux*: banane – châtaigne – marron – *Fruits rouges*: airelle – cassis – cerise – fraise – framboise – groseille – mûre – myrtille – *Fruits exotiques*: ananas – avocat – fruit de la passion – grenade – kiwi – mangue – noix de coco – papaye – *Fruits secs*: abricot – banane – datte – figue – pruneau – raisin.

Exercice 16 : p. 84

FRUITS : ENFIN, LES FRAISES !

Faisant la transition entre les fruits d'hiver et ceux d'été, les **fraises** sont arrivées timidement – et chèrement ! – sur les étals de mars. Un peu plus nombreuses en avril, elles ne seront abordables qu'en mai ; les prévisions sont excellentes, tant en quantité qu'en qualité. Alors, apprêtez-vous à faire rougir vos desserts ! Achetez vos fraises en fin de marché, pour ne pas les écraser, et choisissez-les bien rouges et bien brillantes.

Les **cerises,** elles, sont plus tardives (les premières sont cueillies en mai, en provenance du Roussillon) : attendez donc juin pour en faire amples provisions. Si les fruits rouges sont en début de saison, les **pamplemousses** sont en pleine période de récolte.

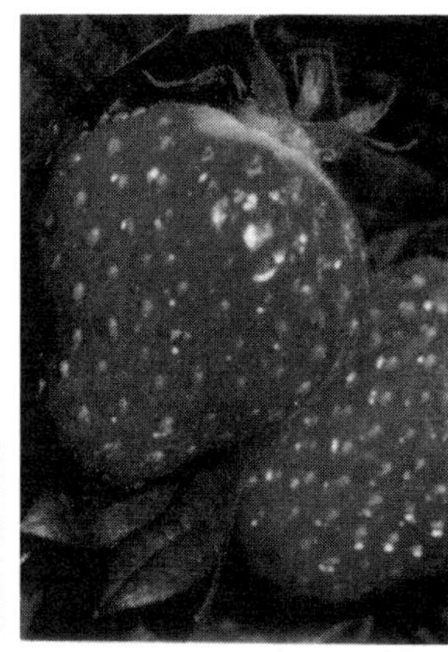

Photo : Ch. Hilaire

Leurs prix sont intéressants, voire en baisse pour les pomelos blancs, comme ceux des **oranges tardives.** Les oranges ont d'ailleurs connu cette saison des prix particulièrement bas... et une qualité moyenne ! Même remarque pour les **bananes,** dont les prix sont peu soutenus en raison d'un marché chargé. Enfin, les **pommes** restent-attractives...

La bonne cuisine, n° 75, avril-mai 1987.

Exercice 17 : p. 84

a) 1. Parce qu'elle sert de base à la réalisation de nombreux desserts. – 2. Elle se fait à chaud, au bain-marie. – 3. Il faut veiller à la proportion des œufs et de la farine pour que la pâte lève. / Le bain-marie ne doit pas dépasser 80° pour que la pâte soit légère. – 4. Elle forme le « ruban ». – 5. Il faut la tamiser. – 6. Elle se démoule mieux car, en refroidissant, elle se rétracte. – 7. La cuisson du sucre. – 8. petit filé 105° – grand filé 107° – petit boulet 117° – gros boulet 125° – cassé 135° – grand cassé 145° – caramel clair 145° – caramel foncé 185° – 9. En ajoutant un peu de crème anglaise, de crème pâtissière ou de blancs montés en neige. – 10. De la crème fraîche très liquide (crème fleurette) dans laquelle on incorpore de l'air ; elle peut être sucrée ou non.

b) *Gâteaux élaborés avec une base génoise*: le moka – l'omelette norvégienne – la bûche de Noël – la génoise au chocolat – la forêt noire – les soufflés – le fraisalia – *Gâteaux où l'on utilise la crème au beurre*: le moka – la bûche de Noël – la religieuse – le paris-brest – *Desserts où le sucre est l'ingrédient principal*: la crème au beurre – le fondant – le nougat – la meringue à l'italienne – la nougatine – les pralins – les caramels – la crème caramel – *Autres crèmes*: la crème anglaise – la crème pâtissière – la crème Chantilly – *Ustensiles*: le fouet manuel – le fouet électrique – un récipient – un saladier – une casserole – une passoire – une spatule – un moule (à génoise) – un poêlon – un pinceau – un thermomètre

c)

> ☞ *Selon le niveau des étudiants, il faut travailler la formation du futur, de l'impératif et du subjonctif présent.*

— **Il faut + infinitif**
Forme affirmative (FA): Il faut le faire – il faut tourner – il faut continuer – il faut la faire – il faut écumer – il faut retirer – il faut partir – *Forme négative (FN)*: il ne faut pas mettre – il ne faut plus arrêter –
Il faut + nom : il faut (...) une certaine pratique
Il faut que + subjonctif : il faut que votre crème soit très froide
Futur : vous la réaliserez – vous diminuerez – vous compterez
Devoir : elle doit être – il doit être –
Infinitif : bien mélanger – mettre (dans une casserole...)
Impératif sans pronom : *FA* : comptez – préparez – choisissez – vérifiez – faites – sortez – continuer – cassez – laissez – versez – coupez – soulevez – beurrez – attendez – enlevez – remplacez – utilisez – ajoutez – laissez – amenez – contrôlez – revenons – versez – ajoutez – goûtez – ajoutez – fouettez – accélérez – ajoutez – *FN*: n'hésitez pas – n'employez pas – n'essayez pas
Impératif avec pronom : *FA*: méfiez-vous – mélangez-les – faites-le fondre – faites-le très délicatement – retournez-la – farinez-le – travaillez-les – choisissez-la – *FN*: ne le remplissez jamais

— il ne faut pas le faire – il ne faut pas tourner... – il ne faut pas de pratique – il ne faut pas que votre crème soit très froide – vous ne réaliserez pas – vous ne diminuerez pas – vous ne compterez pas – elle ne doit pas être... – ne pas bien mélanger... – ne comptez pas – ne préparez pas... – ne vous méfiez pas – ne les mélangez pas...

> ☞ *Faire remarquer la place du pronom et la place de la négation pour l'impératif et l'infinitif en particulier. Faire faire des exercices supplémentaires si nécessaire.*

— méfiez-vous : verbe pronominal
mélangez-les → les œufs
faites-le fondre → le beurre
faites-le très délicatement → « incorporer »
retournez-la → la pâte
farinez-le → le moule
travaillez-les → les jaunes d'œufs
choisissez-la → la crème fraîche

Classement :
– pronoms cod qui remplacent un nom (le, la, les)
– pronoms cod qui remplace une phrase (le qui remplace « incorporer »)
– pronom réfléchi (méfiez-vous : verbe pronominal)

Exercice 19 : p. 89

2. a) Phrases 7 et 13
b) *Directement*: 2 – 3 – 9 – 10 – 11 – 14 – 15 – 16 – 17 – 19 – 20 – *De manière déguisée*: 1 – 4 – 5 – 6 – 8 – 12 – 18
c) – Il faudrait – tu devrais ⇒ conditionnel : conseil à valeur d'ordre.
– Quelqu'un pour ⇒ pas de sujet : ordre à exécuter rapidement et adressé à la cantonnade.
– Est-ce que... ⇒ question : question à valeur d'ordre.

3. – D'accord, j'ai compris : il faut préparer une julienne. (Phrase prononcée par la personne qui répond à l'ordre de l'aboyeur.)
– Où en est la cuisson ? (Phrase du chef cuisinier pour vérification.)
– Il faut que vous prépariez deux cannellonis. (Ordre de l'aboyeur.)
– Il faut que vous prépariez un bar et il doit être bien cuit. (Phrase de l'aboyeur.)
– La préparation du navarin se fait trop lentement. – Vous êtes trop lent pour préparer ce navarin. (Reproche exprimé par le chef cuisinier.)

Exercice 20 : p. 91

a) **Le client n'aime pas :**
– *le porc*: Pizza Vésuvio – Flammenküche – Capri – Spéciale – Spéciale Gold'n grill – Fermière – Piémontaise – Vulcano – Quatre saisons – Salade campagnarde – Salade roquefort – Salade vosgienne –

Salade paysanne – Salade alsacienne – Salade California – Quiche lorraine – Jambon de Bayonne – Melon au jambon – Lasagnes vertes au poulet et jambon – Cordon bleu de volaille – Brochette mixte de poulet – Spaghetti à la carbonara – Tagliatelle à la carbonara
– *le fromage*: Pizza Vésuvio – Flammenküche – Pizza Marguerite – Capri – Spéciale – Spéciale Gold'n grill – Fermière – Piémontaise – Vulcano – Napolitaine – Quatre saisons – Quatre fromages – Salade campagnarde – Salade roquefort – Salade alsacienne – Carpaccio – Cordon Bleu – Tagliatelle au roquefort
– *les crustacés et fruits de mer*: Pescatore – Salade quimperlaise – Avocat aux crevettes – La farandole des crevettes
– *les abats*: Salade du Gers – Salade de foies de volaille – Brochette mixte de poulet – Andouillette

b) *Bœuf*: Carpaccio – Steack tartare – Entrecôte – Faux-filet – Onglet – Bavette – Mixed grill – Pavé – Brochette du grill – Hamburger – *Veau*: Mixed grill – Viennoises frites – Escalope milanaise – Escalope de veau à la crème – *Agneau*: Mixed grill – Brochette d'agneau – Brochette du grill – Côtes d'agneau – *Porc*: Mixed grill

c) *Chocolat*: Mousse au chocolat – Truffe glacée – Charlotte – Profiteroles – Chocolat liégeois – Tête de nègre – Dame blanche – Banana split – Glaces tout parfum – Petit pot de glace – *Alcool*: Truffe glacée – P'tit punch – Perestroïka – Le tout framboise

Exercice 21 : p. 93

Transcription de l'enregistrement [Cuisinier (C) – Apprenti (A)]

C – Tu vas d'abord préparer ta fondue d'oignons. Tu les coupes en rondelles... Oh ! tu peux encore en ajouter un ou deux... Il t'en faut 500 grammes.
A – Voilà, c'est fait.
C – Bon, alors, fais-les fondre dans un peu d'huile, à feu doux, et n'oublie pas de mettre un couvercle sinon ça va attacher... Remue de temps en temps.
[...]
A – Ça va comme ça ?
C – Oui, très bien. Pendant que tes oignons cuisent, tu vas t'occuper des pommes. Tu as bien pris des reinettes hein ?
A – Oui, oui, 1 kilo de pommes reinettes !
C – Tu les épluches et tu les coupes en quartiers.
A – Et je les laisse comme ça ?
C – Non, non, tu sais bien qu'il faut les arroser d'un jus de citron sinon elles vont noicir.
A – Je les fais cuire maintenant ?
C – Oui, tu vas les faire revenir très légèrement dans la poêle avec une noix de beurre.
[...]
C – Ta fondue d'oignon, elle en est où ? Elle est terminée ?
A – Oui. Je la réserve ?
C – Oui, et on va s'occuper de la dinde. Tu l'as vidée ?
A – Oui, oui, elle est prête.
C – Oh ! la, la ! Elle est belle ! Elle fait au moins 3 kilos et demi.
A – Tout juste !
C – Alors maintenant, tu farcis la dinde avec la fondue d'oignons, la moitié des pommes et une branche de sauge... Recouds l'ouverture... Maintenant, prépare ton beurre de miel.
A – Il en faut beaucoup ?
C – Ah ! ben... assez pour recouvrir la dinde... A peu près une demi-plaquette de beurre et un tiers de plus de miel.
A – Je fais fondre le beurre, alors.
C – Mais non... Il faut du beurre en pommade, mélange-le bien avec le miel... que ça soit bien homogène.
A – Voilà, c'est bien crémeux.
C – Alors maintenant, tu enduis ta dinde avec cet appareil... Tu as fait chauffer le four ?
A – Oui, oui, à 250°.
C – Et tu sais combien de temps il faut la faire cuire ?
A – Oui, chef. 20 minutes par livre... Donc 2 h 20
C – Et tu n'oublies pas de l'arroser pendant la cuisson et d'ajouter de l'eau pour qu'elle ne se dessèche pas et pour la déglacer.
[...]
C – Tu la serviras avec ton reste de pommes sautées arrosées de jus de citron.

a) b) c)

Dinde au beurre de miel et aux pommes

6 personnes
Préparation : 30 mn
Cuisson : 2 h

- 1 dinde de 3,5 kg
- 500 g d'oignons
- 100 g de beurre
- 160 g de miel
- 1 kg de pommes reinette
- 1 branche de sauge fraîche
- Jus d'1 citron
- Sel, poivre
- 2 c. à soupe d'huile
- 1 noix de beurre

1 Faire fondre dans un peu d'huile, à feu doux et à couvert les oignons coupés en rondelles sans les faire attacher.

2 Couper en quartiers la moitié des pommes épluchées. Les arroser du jus de citron. Les faire légèrement revenir dans une poêle avec une noix de beurre.

3 Farcir la dinde de la fondue d'oignons, des pommes et de la branche de sauge. Recoudre l'ouverture. Enduire la dinde du beurre mélangé au miel.

4 Faire cuire la dinde dans un four chaud en comptant 20 mn par livre. Ajouter de l'eau pendant la cuisson. Arroser régulièrement. Servir avec le reste de pommes sautées dans la poêle avec un peu de jus de cuisson.

Cuisiner !, n° hors série spécial fêtes, hiver 1993.

d) *Présent* : tu les coupes – tu peux – il t'en faut – tu les épluches – tu les coupes – je les laisse – je les fais cuire – je la réserve – elle est prête – elle est belle – elle fait – tu farcis – il en faut – je fais fondre – il faut – c'est bien crémeux – tu enduis – il faut la faire cuire – tu n'oublies pas – *Impératif* : fais-les fondre – n'oublie pas – remue –recouds – prépare – mélange-le – *Passé composé* : tu as bien pris – tu l'as vidée – tu as fait chauffer – *Futur proche* : tu vas préparer – tu vas t'occuper – elles vont noircir – tu vas les faire revenir – on va s'occuper – *Futur* : tu la serviras

> ☞ *Faire travailler la conjugaison de l'impératif 2e personne du singulier si c'est nécessaire par des exercices de transformation.*

e) – Ils permettent d'éviter la répétition des noms : ce sont les pronoms personnels.

– la dinde – les oignons – les pommes – les pommes – la fondue d'oignons – du beurre – la dinde – les oignons – le beurre – les pommes – la dinde

– 1. passé composé : avant l'auxiliaire – 2. présent : avant le verbe – 3. impératif : après le verbe – 4. futur : avant le verbe – 5. – futur proche : entre aller et l'infinitif – 6. dans la construction avec « il faut » : entre il faut et le verbe à l'infinitif.

> ☞ *Faire des exercices systématiques sur les pronoms personnels si c'est nécessaire.*

Exercice 22 : p. 95

PAUPIETTES DE BŒUF AU JAMBON

Préparation : 45 min
Cuisson : 1 h
Pour 6 personnes

12 steaks (aplatis par le boucher)
6 belles tranches de jambon
12 rondelles fines de saucisson sec
3 gousses d'ail
4 œufs durs
90 g de raisins secs
100 g de gruyère râpé
8 cuillerées à soupe de persil haché
1 demi-cuillerée à café de noix de muscade râpée
1 demi-cuillerée à café d'origan (marjolaine)
30 g de beurre
25 cl de bouillon de bœuf préparé avec des tablettes
25 cl de vin blanc sec
2 feuilles de laurier
2 clous de girofle
2 cuillerées à café de cognac
sel et poivre

■ Faites gonfler les raisins secs dans de l'eau chaude pendant 10 minutes.

■ Coupez les tranches de jambon par la moitié et ajustez-les approximativement aux mêmes dimensions que les steaks.

■ Enlevez la peau des tranches de saucisson, hachez-les finement ainsi que les œufs durs et les raisins après les avoir soigneusement égouttés puis épongés. Rassemblez ces trois ingrédients dans un grand saladier. Ajoutez le gruyère râpé, le persil haché, la noix de muscade, l'origan, du sel et du poivre. Malaxez bien le tout. Partagez cette farce en 12 parts égales.

■ Etalez les steaks, disposez dessus une demi-tranche de jambon et parsemez d'un peu d'ail finement haché. Recouvrez le centre du jambon avec une part de hachis. Rabattez les côtés dans le sens de la longueur et roulez les paupiettes. Ficelez-les.

■ Allumez le four th 6 – 180°. Rangez les paupiettes dans un plat à four bien beurré. Mouillez-les avec le vin et le bouillon de bœuf et faites cuire pendant 30 minutes. Au bout de ce temps, retournez les paupiettes et ajoutez le laurier, les clous de girofle et le cognac. Faites cuire encore pendant 30 minutes.

■ Retirez les ficelles et disposez les paupiettes sur un plat chaud ou sur des assiettes. Servez le jus de cuisson à part et accompagnez de pâtes fraîches, d'épinards en branches ou de purée de pommes de terre.

Rouge pouvant être servi jeune et frais, exemple : un sancerre 10-12°.

HARICOTS VERTS GRATINES A LA CREME AIGRE

Préparation : 30 min
Cuisson : 30 min

Pour 4 personnes

700 g de haricots verts
15 cl de crème fraîche épaisse
2 cuillerées à soupe de jus de citron
1/2 cuillerée à café de graines de cumin (facultatif)
60 g de beurre fondu
10 cuillerées à soupe de mie de pain rassis et émiettée
noix de muscade
sel et poivre

■ Mélangez le jus de citron et la crème fraîche. Laissez reposer pendant 20 minutes environ.

■ Eboutez et effilez les haricots verts, jetez-les dans une grande quantité d'eau bouillante salée. A la reprise de l'ébullition, comptez 12 à 15 minutes de cuisson selon la grosseur et la tendreté des haricots. Ils doivent être encore légèrement croquants. Egouttez-les, rafraîchissez-les à l'eau froide.

■ Ajoutez à la crème au citron du sel et du poivre, un peu de noix de muscade râpée et éventuellement quelques graines de cumin. Assaisonnez les haricots verts avec cette sauce en remuant bien.

■ Allumez le four th 6 – 180°. Beurrez un plat à gratin avec le quart du beurre. Disposez-y les haricots verts assaisonnés de crème. Recouvrez-les avec la mie de pain et arrosez-la avec le reste de beurre fondu.

■ Enfournez et laissez gratiner au four pendant 10 à 15 minutes jusqu'à ce qu'une croûte croquante se forme. Servez aussitôt.

■ Ce plat accompagne les viandes rouges grillées ou rôties ou tout simplement du jambon.

Si le plat est servi seul, il sera préférable d'y marier un vin blanc riche et séveux, comme un bourgogne d'années riches, exemples : un rully ou un mercurey 1983 8°. Servi en accompagnement, ce plat s'adaptera au vin du plat principal.

TARTE A LA RHUBARBE

Préparation : 30 min
Repos de la pâte : 1 h
Cuisson : 30 min

Pour 6 personnes

Pour la pâte :

250 g de farine
125 g de beurre ramolli +20 g pour le moule
1 cuillerée à soupe de sucre glace
1 œuf, 1 pincée de sel
1 moule à tarte de 20 cm de diamètre environ

Pour la garniture :

500 g de rhubarbe
15 cl de crème fraîche
50 g de sucre
2 cuillerées à soupe rases de farine
1/2 cuillerée à café de cannelle en poudre

■ Préparez la pâte : mélangez la farine, le sel et le beurre dans une terrine. Ajoutez ensuite l'œuf et le sucre. Travaillez rapidement pour mettre la pâte en boule. Farinez-la et réservez-la une heure dans le bas du réfrigérateur.

■ Allumez le four th. 7 - 210°. Beurrez le moule. Abaissez la pâte sur un plan de travail fariné jusqu'à 3 mm d'épaisseur. Foncez-en le moule et coupez l'excédent de pâte sur les bords.

■ Epluchez la rhubarbe, coupez-la en morceaux de 3 cm en enlevant la peau si elle est dure et filamenteuse. Disposez ces morceaux sur la pâte.

■ Dans un saladier, battez doucement au fouet : la crème, la farine, le sucre et la cannelle. Versez ce mélange sur la rhubarbe.

■ Enfournez la tarte et laissez-la cuire pendant 30 minutes environ jusqu'à ce qu'elle soit bien dorée. Retirez-la ensuite et déposez-la sur une grille.

■ Cette tarte doit être consommée rapidement car la rhubarbe rend beaucoup de jus qui à la longue détrempe la croûte.

Note : Si la rhubarbe rend un peu trop d'eau, versez celle-ci dans une casserole en penchant la tourtière avec précaution. Faites-la réduire sur feu vif et versez sur la tarte en fin de cuisson.

Diminuez l'acidité de la rhubarbe en servant un grand vin d'Anjou de type « moelleux », exemple : un bonnezeaux 8°.

Escalope tiède de saumon fumé pomme paille et crème fouettée

4 personnes
Préparation : 20 mn
Cuisson : 3 à 4 mn

4 escalopes de saumon de 125 g chacune
2 pommes de terre charlotte ou autres variétés
25 cl de crème liquide
Pluches d'herbes (aneth, cerfeuil, estragon)
1 filet de citron

1 Eplucher et laver les pommes de terre. Les râper en formes d'allumettes. Les laver à nouveau. Eponger dans un linge.

2 Les jeter dans de l'huile chaude jusqu'à ce qu'elles soient bien dorées. Egoutter. Saler.

3 Fouetter la crème liquide. Ajouter les herbes hachées et le filet de citron. Assaisonner.

4 Dans une poêle antiadhésive cuire les escalopes de saumon 10 secondes de chaque côté. Dresser sur assiette. Parsemer de pommes paille. Servir avec une quenelle de crème fouettée.

Exercice 23 : p. 95

> **Salade niçoise**
>
> ***Ingrédients :*** *pommes de terre et haricots verts coupés – huile – vinaigre – sel – poivre – tomates – persil – filets d'anchois – olives noires – câpres.*
>
> Faites bouillir les pommes de terre et les haricots verts, égouttez-les et laissez-les refroidir, puis coupez les premières en dés et les seconds en bâtonnets réguliers ; assaisonnez de sel, poivre, huile et vinaigre ; versez dans un saladier. Entourez la partie supérieure de morceaux de tomate coupés en quartiers et répandez du persil haché. Disposez les filets d'anchois et décorez avec les olives et les câpres. Peut se manger en hors-d'œuvre ou servir de légume d'accompagnement, avec certains plats de viande – des grillades par exemple.

Exercice 24 : p. 95

Diplomate 10 C – Saint-Honoré 12 I – Anchoyade 2 H – Langouste Thermidor 9 A – Bouillabaisse 3 D – Aspic 13 F – Bûche 1 J – Truffes 4 E – Brandade 5 K – Pistou 8 G – Poulet chasseur 14 N – Charlotte 6 L – Pissaladière 7 M

Exercice 25 : p. 99

1. a) Il s'agit :
– de produits frais, achetés ou préparés le jour même, qui ne se conservent pas ou très peu. Exemples : boudins aux pommes, foie...
– de produits dont les dates de péremption sont proches. Exemples : produits sous vide (saumon, foie gras...).

2. *Transcription de l'enregistrement*
Client : Je vois la dinde au beurre de miel et aux pommes... Vous pouvez me dire ce que c'est exactement ?
Serveuse : Bien sûr, Madame. C'est une dinde cuite au four ; elle est farcie avec une fondue d'oignons et des pommes acides légèrement cuites et parfumées avec une branchette de sauge. Pour rendre la viande moelleuse, elle est enduite de beurre mélangé à du miel. Elle est servie avec sa garniture de pommes sautées. C'est un plat très parfumé que tous nos clients apprécient beaucoup.

a) 1. dinde – farce – enduit – garniture – sauge – c'est à dire les ingrédients principaux.
2. ingrédient principal (dinde), le mode de cuisson, puis la composition particulière (farce), ensuite le parfum (sauge, enduit) et enfin la garniture (pommes)
3. légèrement acides => pour montrer au client que ce plat n'est pas trop doux (miel) – moëlleux => pour répondre à une objection possible (c'est sec) – C'est un plat très parfumé => mise en valeur du plat

2. Menus et cartes

Exercice 26 : p. 100

1. 1. Un menu standard comprend toujours : une entrée, un plat principal garni et un dessert ou un fromage. – 2. Le menu à 99 F propose pour chaque partie du menu un choix plus important. – 3. Choix entre une viande rouge, une viande blanche et un poisson. – 4. Les plats proposés dans le menu à 72 F sont plus simples ou d'une préparation moins élaborée ou avec des ingrédients moins onéreux que ceux du menu à 99 F. – 5. Il compte un plat de plus.

> ☞ *Les étudiants doivent justifier leurs réponses en comparant des plats.*

2. 1. Oui, on a bien viande rouge, viande blanche et poisson. – 2. Formule D.
3. Les formules permettent plus de souplesse : on peut choisir selon son appétit et ses moyens financiers la formule qui convient le mieux.

> ☞ *Ce système par formule est à la mode actuellement.*

4. Le client peut se resservir à loisir en entrées et en desserts selon ses goûts et sa gourmandise. – 5. Le plat du jour est un plat principal (viande ou poisson plus accompagnement) qui, comme son nom l'indique, varie chaque jour. Cela permet au client un choix supplémentaire et pour le client régulier une variété supplémentaire. Le restaurateur profite du marché du jour pour compléter son menu ou sa carte.

3. 1. Cette chaîne de restaurant est associée à des salles de cinéma : un soir par semaine (le jeudi) un repas donne droit à une place de cinéma gratuite. La décoration intérieure rappelle aussi le monde cinématographique. – 2. Il s'agit d'un restaurant à thème où seul le bœuf est proposé. – 3. Les suggestions. – 4. A la formule C : entrée plus plat principal. – 5. Des frites – 6. a. les desserts simples et classiques b. avec alcool c. selon la saison d. les spécialités de la maison e. les coupes de glace. – 7. Non. Les prix sont nets, c'est-à-dire service compris. Le client peut, s'il le désire, rajouter un "pourboire" dont le montant est laissé à sa discrétion. – 8. L'eau en carafe et le pain.

Exercice 27 : p. 106

1. 1. Tous les plats des menus à 99 F et 139 F se retrouvent sur la carte. Le menu à 72 F présente peu d'éléments communs avec la carte car il propose des plats simples et peu chers. – 2. La carte est justifiée à gauche alors que le texte des menus est centré. Le nom des plats est toujours écrit avec une majuscule (exemple : Truite Meunière). Le nom des plats est écrit sans article (exemple : Truite Meunière et non *La* truite meunière).

Exercice 28 : p. 106

1.

> ☞ Hostellerie : *indique souvent un restaurant assez chic, à la cuisine raffinée.*

Bistrot : Mot familier désignant normalement un café. Il est utilisé comme enseigne de restaurant pour indiquer une cuisine familiale, un cadre rustique.
Grignoter : manger peu, de petites quantités (exemple : grignoter un biscuit, une pomme).

Exercice 29 : p. 107

Transcription

Portrait toqué

Les guides gastronomiques parisiens mentionnent tous le restaurant de Thierry Couet dans le XIe arrondissement et, tous relèvent unanimement, dans leur commentaire, le prix qu'il y pratique : « Une caresse », dit l'un ; « un vrai conte de fées », dit l'autre. Il est vrai que son menu–carte, qu'il modifie petit à petit au gré des saisons – bientôt le lièvre, le chevreuil, le faisan vont y faire leur apparition –, son menu–carte, donc, vous propose une entrée, un plat, un fromage et un dessert, généreusement servis et à un prix d'autant plus compétitif que le jeune chef a travaillé quatre ans sur la rive gauche aux côtés d'Alain Senderens à l'Archestrade, où il avait, en son temps, conquis ses 3 étoiles.
La cuisine de Thierry Couet se décline volontiers autour d'un triangle : un produit, un légume et un aromate. Sur cette base solide et équilibrée, il sert des beignets de brandade de morue accompagnés de tomates confites et de feuilles de sauge frites. Côté poissons, les cuissons sont justes, et l'aile de raie au caviar d'aubergine, pistou et oignons frits, comme le saumon d'Ecosse largement tranché et poêlé en témoignent. Le pigeon rôti, rosé comme il faut, est servi désossé mais encore meilleur mangé avec les doigts ; des poireaux confits et des gousses d'ail caramélisées lui apportent une note sucrée qui lui convient à merveille.
Thierry Couet est originaire du Bourbonnais ; il y a quatre ans, il a intitulé son restaurant « Les Amognes ». Les Amognes, c'est le pays des rivières, une petite région en forme de presqu'île au confluent de Loire et d'Allier. On est bien loin du bitume parisien entre Nation et Bastille, dans la salle des « Amognes » où le plafond de vieilles poutres accuse le poids des ans. Pas de ballet ni de bataillon de serveurs et de somme-

liers : deux en cuisine plus un plongeur et deux en salle. C'est l'un des secrets des prix serrés de Thierry Couet dont les desserts, et en particulier la figue rôtie – c'est la pleine saison – farcie aux fruits rouges, et le sorbet cacao et ses zestes d'orange confits, termineront en beauté un menu savoureux et astucieux.

France Infos, septembre 1994

1. Il s'agit ici d'un jeu de mot entre le mot « toque » et l'adjectif « toqué ». La toque est le couvre-chef traditionnel du chef de cuisine. Il porte une toque et, comme on dit des monarques qui portent une couronne que ce sont des « têtes couronnées », le chef cuisinier est « toqué ». Mais l'adjectif « toqué », en français familier, signifie « fou ». Le titre de ce reportage joue donc sur ces mots puisqu'il s'agit ici d'évoquer un chef de cuisine. – 2. Il est situé dans le XIe arrondissement de Paris, entre « Nation » et « Bastille », les deux places et les deux stations de métro. Il s'appelle « Les Amognes » car c'est le nom de la région du Bourbonnais d'où T. Couet est originaire. – 3. Non, il pratique des prix raisonnables pour un restaurant et une cuisine de cette qualité. Plusieurs éléments le prouvent : le journaliste parle de « prix serrés », de « prix d'autant plus compétitifs » ; les guides gastronomiques sont unanimes et en parlent de manière positive : « une caresse », « un vrai conte de fées ». – 4. Il modifie son menu selon la saison. Cela montre que sa cuisine suit le marché et l'ordre naturel, qu'elle est donc fraîche (pas de surgelés). La preuve en est que, en septembre, date du reportage, début de la saison de la chasse et donc du gibier, il propose du lièvre, du chevreuil et du faisan. – 5. Une entrée, un plat, un fromage et un dessert. – 6. Il sert des parts copieuses puisque le journaliste utilise l'expression « généreusement servis ». – 7. Il a reçu 3 étoiles. – 8. Son principe de base est : un produit, un légume, un aromate. Exemples : morue, tomates et sauge ; raie, aubergine, pistou ; pigeon, poireaux, ail. – 9. Le décor est rustique (« vieilles poutres »), presque campagnard car il doit évoquer la région du Bourbonnais, les Amognes. – 10. Cinq personnes. – 11. Elle est savoureuse et astucieuse.

3. Fromages, vins et services

Exercice 31 : p. 108

a) (*De haut en bas*) : L'histoire – La fabrication – La maturation – L'affinage

b) (*De haut en bas*) : gâteau – coupées en lamelles – incorporé – purée – pâte – fait revenir – poêle – beurre – rissoler – coupés en dés – parsème – soupe – râpé

Exercice 32 : p. 110

a) – AOC (Appellation d'origine contrôlée)
– Le label agricole
– La certification de conformité
– La mention « agriculture biologique »
– Les produits alimentaires de « montagne »
– AOP (Appellation d'origine protégée)
– IGP (Indication géographique protégée)

b)

	APPELLATION OU LABEL	DÉFINITION	PRODUITS OU TYPES DE PRODUITS CONCERNÉS	UTILITÉ
AU NIVEAU NATIONAL	AOC	S'applique aux produits pour lesquels il existe un lien étroit avec le terroir et dont la reproduction n'est pas autorisée dans un autre terroir	Vins Fromages Beurres	Outil au service des producteurs Produit haut de gamme
	Label agricole	Certifie une qualité supérieure du produit mesurée au moment de son élaboration par un cahier des charges Peut être national ou régional	Fromage jambon saucisse cidre miel dinde...	Garantie de qualité pour le consommateur. Produit haut de gamme
	Certificat de conformité	Atteste qu'un produit est conforme à des caractéristiques spécifiques ou à une norme (NF) portant sur la fabrication, la transformation, le conditionnement, l'origine	Poulet Fois gras Saumon fumé	Outils de garantie pour les PME autres que la marque. Garantie de qualité pour le consommateur et non haut de gamme
	Mention « agriculture biologique »	Certifie que cette agriculture recourt à des pratiques spécifiques soucieuses du recyclage des déchets et de l'équilibre des cultures	Produits végétaux et bientôt produits animaux	Certifie la qualité
	Produits alimentaires « de montagne »	Produits élaborés en montagne Doivent être accompagnés de AOC, label ou certification		Certifie l'origine et la qualité
AU NIVEAU EUROPÉEN	AOP	Certifie l'origine du produit		Protéger les produits au niveau européen. Concurrence loyale entre les producteurs
	IGP			*Idem*

☞ *NF = Norme française.*

Exercice 33 : p. 112

1. un grand succès néerlandais – 2. sanctionner – 3. carrément – 4. adapté au goût des consommateurs – 5. « s'évade » – 6. une recette de marketing – 7. fleure bon la France – 8. en matière gastronomique – 9. équivaut à – 10. s'approprier

Exercice 34 : p. 113

1. 1. autant de... que de – 2. plus... que – 3. très – 4. le plus – 5. le moins – 6. le plus – 7. moins de – 8. plus de... que – 9. moins... que – 10. aussi... que

> ☞ *Faire travailler la comparaison plus en détail si c'est nécessaire.*

2.

> ☞ *la moitié* des *Français, la majorité* des *Français, un quart* des..., *un tiers* des... *un bon tiers* des... ***mais*** *un petit nombre* de *Français, très peu* de..., *une minorité* de..., *un très petit nombre* de...

3. *Règles* : Vin rouge → viande rouge, fromage
Vin blanc → poisson, crustacé
Vin rosé → poisson, viande blanche, dessert
Champagne → dessert

> ☞ *Bien faire remarquer et utiliser les expressions et formes habituelles.*

– se boire avec (le vin rouge se boit avec le fromage)
– on boit (on boit du Champagne avec le dessert)
– très bien accompagner (le vin blanc accompagne très bien le poisson)
– bien se marier avec (le vin rosé se marie bien avec la viande blanche)
– bien s'harmoniser avec (le vin rouge s'harmonise avec une viande rouge)

Exercice 35 : p. 116

1. *Val-de-Loire* : Muscadet – Cabernet d'Anjou – Chinon – Anjou – Saumur – Bourgueil – *Bordeaux* : Médoc – Bordeaux – Grave – Saint-Emilion – Entre-deux-mers – *Sud-Ouest* : Cahors – Bergerac – *Languedoc-Roussillon* : Sauvignon – Merlot – Syrah – Cabernet – Minervois – Corbières – Faugères – Saint-Chinian – *Côtes-de-Provence* : Côtes-de-Provence – Coteaux d'Aix – Bandol – *Côtes-du-Rhône* : Châteauneuf-du-Pape – Gigondas – Côtes-du-Rhône village – Saint-Péray – Côte Rôtie – *Beaujolais* : Beaujolais village – Morgon – *Bourgogne* : Bourgogne – Mercurey – Chablis – Côtes-de-Nuit – Pommard – *Jura* : Arbois – Côtes-du-Jura – *Alsace* : Riesling – Sylvaner – Gerwurtztraminer

2. 1. de, du, du, d', des – 2. le, du – 3. un – 4. un – 5. d', un – 6. le, un – 7. le, le, un – 8. du, un

> ☞ *On dit :* le *bourgogne,* le *bordeaux,* les *côtes du Rhône,* les *côtes de Provence... mais* les vins du *Jura,* les vins du *Languedoc,* les vins du *Val-de-Loire... On peut utiliser l'article* le *+ nom de la région quand un cru porte ce nom-là.*

Exercice 36 : p. 117

Transcription

Grand, blond, beau, bronzé, ce qu'il faut d'accent scandinave, il roule en décapotable... Pardon Mesdames ! mais si nous l'avons désigné vigneron de l'année, c'est que Lars Torstenson élabore des vins parmi les meilleurs de la Méditerranée. Pour le reste, contentez-vous des photos.
Ce journaliste, bon connaisseur en vin, est l'auteur d'une expérience unique. En 1986, le monopole d'Etat suédois Vin & Sprit, chargé d'importer les alcools et les vins étrangers, acquiert l'exploitation déjà renommée de Christine Rabiega, en pleine appellation côtes-de-provence, un peu à l'extérieur de Draguignan.

Bichonnés

Il s'agissait d'y produire quelques bonnes bouteilles certes, mais surtout de créer un centre de formation pour ceux qui, en Suède, travaillent dans la filière vin. Tout ce qui tourne autour de l'initiation aux vinifications et à la dégustation.
L'entrée prévue de la Suède dans l'Union européenne sonne le glas du monopole, qui va disparaître en 1995. L'argent public n'est plus là. Le Domaine Rabiega se transforme en centre privé de conférences. Et vend son vin. Pas seulement aux touristes suédois de passage ! Car il n'a guère besoin de promotion : pas une dégustation de côtes-de-provence où ne sorte désormais, dans le tiercé de tête, sa cuvée prestige, le Clos d'Ière.

Sur 10 ha, il produit en bonne quantité de grands vins rouges et blancs que l'on peut acheter à des prix raisonnables. La production de blancs a commencé en 1992, avec de jeunes vignes de sauvignon et de chardonnay, vinifiées en bois : une technique « internationale » qui permet néanmoins de dégager un fruité original. Quant aux rouges, ils ne cessent de nous stupéfier. La syrah du Rhône atteint ici une de ses plus belles expressions, soyeuse, épicée, riche de saveurs de mûre et de myrtille, avec cette note provençale qui évoque le romarin. Et les bons vieux cépages locaux ne sont pas oubliés : l'assemblage grenache-carignan est un régal, à boire plus jeune que la syrah, un vrai côtes-de-provence de plaisir. Lars Torstenson n'en restera pas là : il va planter des ceps venus d'Italie, pour changer. Vive l'Europe !

Domaine Rabiega, 83300 Draguignan. Tél. : 94 60 30 00 et 94 68 44 22. **P. C.**

Gault et Millau, n° 299, septembre 1994.

1. Il a été désigné « vigneron de l'année ». – 2. Dans le sud de la France : Méditerranée, Côtes-de-Provence, à l'extérieur de Draguignan. – 3. L'Etat suédois Vin et Sprit. – 4. Il s'agissait de créer un centre de formation pour les Suédois travaillant dans le domaine du vin. – 5. Parce que, en raison de l'entrée de la Suède dans l'Union européenne, le monopole d'Etat disparaît en 1995. – 6. Le domaine commence à vendre son vin. – 7. Il s'agit du vin de prestige produit par le domaine. – 8. Des rouges et des blancs – 9. Chardonnay et Sauvignon – 10. La Syrah du Rhône et des cépages locaux – 11. Il veut importer des ceps italiens.

Exercice 37 : p. 118

1. 1. œil – 2. nez – 3. bouche – 2. *œil* : observer la robe – *nez* : jauger et juger le vin – *bouche* : apprécier la structure, le gras, le fruité des saveurs – 3. Les odeurs de fruits blancs, fleurs, cerise, tabac, pétrole, épices, sous-bois. – 4. Les odeurs d'orange trop mûre, de vinaigre, de chou pourri, de madère trop vieux, de géranium, de bouchonné (odeur de cave, liège, bois pourri).

3. « La dégustation du vin se fait en trois phases : visuelle, olfactive et gustative. La première phase, visuelle, se passe en deux étapes : d'abord on tient le verre au niveau de la ceinture pour étudier le disque et les nacres ; ensuite on élève le verre au niveau des yeux pour examiner la robe, les jambes et l'effervescence. La deuxième phase, olfactive, se passe aussi en deux temps : le premier "coup de nez" se fait sans remuer le vin, le deuxième "coup de nez" se fait après avoir fait tournoyer le vin dans le verre. Enfin, pour la dernière phase, gustative, il faut prendre dans la bouche un peu de vin, l'envoyer au fond de la gorge, s'en imprégner puis le recracher ; ce qui permet de goûter réellement le vin. »

4. *Œil / Sensation visuelle* : couleur soutenue / intense – très coloré – belle robe – *Nez / Sensation olfactive* : arômes subtils / délicats / floraux / de grande finesse – bouquet fruité / ample / corsé / agréable / fin / racé – nez fruité / fin et discret / typé – aromatique – très parfumé – odeurs de fruit sauvage / de garrigue – puissant – floral au nez – *Bouche / Sensation gustative* : belle rondeur – généreux – frais et léger – charpenté – souple – moelleux – tannique – nerveux – tendre – joyeux en bouche

Exercice 38 : p. 123

1. (*De haut en bas*) : critères de production – vins de table – vin de consommation courante – vin d'assemblage – degré alcoolique – cépages – mélange – terroirs – provenance – encépagement – dégustation – experts – label – étiquette – tradition – authenticité – certificat d'agrément – année – vendangés – millésime – appellation – châteaux – température – ramener

2. 1. (1) Val-de-Loire – (2, 3, 4) Bordeaux – (5) Beaujolais – (6) Bourgogne – (7) Beaujolais – (8) Côtes-de-Provence – (9) Vin du Jura – (10) Côtes-du-Rhône – 2. Oui, le 9 – 3. AOC Le nom de l'appellation s'insère entre les termes « appellation » et « contrôlée » exemple : Appellation Chinon Contrôlée – 4. Toujours immédiatement en dessous de l'appellation. – 5. Le lieu d'embouteillage (Mis en bouteille à – au...). – 6. 1, 2, 3, 4, 7. – 7. 75 cl (centilitres). Il existe aussi le « demi-litre » de 37 cl. – 8. Morgon 13°– Bandol 12,5°.

Exercice 39 : p. 126

1 – 2 – 3 : rouge corsé – 4 : Chambertin, Côte-Rôtie – 5 : vin blanc demi-sec ou moelleux – 6 : rouge léger – 7 : rouge corsé – 8 : vin blanc sec – 9 : Rosé de Provence, Médoc – 10 – 11 : vin blanc demi-sec ou moelleux – 12 : Beaune, Médoc, Santenay – 13 : Médoc, Côtes de Provence – 14 : Nuits Saint Georges, Saint Emilion, Bourgueil – 15 : vin blanc demi-sec ou moelleux – 16 : Chambertin, Côte Rôtie, Musigny – 17 : vin blanc sec – 18 : rouge léger – 19 : vin blanc sec – 20 : vin liquoreux, Champagne, Clairette de Die – 21 : vin blanc sec (*cf.* ingrédients) – 22 : vin accompagnant le plat précédent – 23 : rouge corsé – 24 : Riesling, Montbazillac – 25 : vin blanc liquoreux, Champagne – 26 : vin blanc sec (*cf.* ingrédients)

Exercice 40 : p. 128

1. *Transcription*

Ayant eu pour mère et pour grand-mère des cordons bleus, pour grand-père un pêcheur de Sète, Nicolas Albano, passionné de cuisine, a réalisé son rêve. Avec exigence et vigilance, il a fait de sa Tamarissière familiale une étape de grand caractère, savoureuse et rigoureuse, où le poisson est roi et où l'imagination est reine. Les trois menus à 95 F (du mardi au vendredi midi), 150 F, 190 F, changent tous les jours et la carte est renouvelée quatre fois par an.

2. a) 1. Les huîtres sont d'une fraîcheur exceptionnelle toute l'année. – 2. Le poisson est toujours cuit selon le vœu du client. – 3. La carte des vins est très variée. – 4. Le service est souriant.

b)

CARTE

Poissons et crustacés

Huîtres tièdes à l'oseille et au curry	60 F
Queues de langoustes poêlées aux fonds d'artichauds	110 F
Assiette du pêcheur en grillade et flan de courgette	105 F
Bourride	99 F
Bouillabaisse (pour 2 personnes)	270 F

Viandes

Tournedos de filet de bœuf en chevreuil	110 F

Fromages

Plateau	35 F
Roquefort Coulet et son verre de Banyuls	36 F

Desserts (chauds et froids)

Service compris

CARTE DES VINS

Vins rouges	
Château Pétrus 1976	1050 F
Vins blancs	
Château d'Yquem 1970	1200 F
Blanc de la Clape	65 F
Fitou Château Nouvelles	80 F
Vins rosés	
Domaine Saint-Martin	50 F

Exercice 41 : p. 129

1. a) déboucher – devant – présenter – erreur dans la commande – capsule en étain – couteau – essuyer le goulot – tire-bouchon – extraire lentement – sentir discrètement – goût

b) *Conseil*: il est recommandé d'extraire – *Obligation*: il faut présenter – vous devez couper – il est nécessaire d'essuyer – il faut que vous enfonciez – *But*: pour éviter que le vin... prenne – de façon à ce que les particules ne tombent pas – pour vérifier

Autres constructions

Avec l'infinitif: Il est recommandé de – Il faut – Devoir – Il est nécessaire de – Pour – Il est souhaitable de – Il est indispensable de – Il est conseillé de – Il est judicieux de – Il est obligatoire de

Avec le subjonctif: Il faut que – Pour que – De façon à ce que – Afin que – De sorte que – De manière que – De façon que

2. devez – placer – servir – verser – déguste – serviez – appuyiez – soit rempli – ne soit pas tachée – essuyer

Exercice 42 : p. 130

1. Philippe Faure-Brac, meilleur sommelier du monde 1992. – 2. Le pinot noir, le pinot meunier, le chardonnay – 3. Le pinot noir apporte des notes de fruits rouges, le pinot meunier a un arôme fruité, de fruits confits. – 4. Minimum un an, cuvées deux à trois ans, grandes cuvées trois à cinq ans. – 5. Non, c'est le vin qui symbolise la fête : « une part de rêve », « un état d'esprit », « une ambiance de fête ». – 6. Parce que c'est un vin de qualité et que la présence des bulles modifie les habitudes. De plus, le champagne doit être dégusté dans un verre permettant de l'apprécier : c'est-à-dire un verre élancé, refermé à son extrémité. – 7. Si les consommateurs ne sont pas des connaisseurs, il n'est pas nécessaire d'ouvrir une grande cuvée. Pour un cocktail, on peut prendre des champagnes peu onéreux. Pour l'apéritif, il faut un champagne brut qui excite l'appétit. En fin de repas ou avec le foie gras, un champagne demi-sec ou doux est recommandé. – 8. Il doit être conservé à l'abri de la lumière et à température constante. Il doit être servi frais mais non glacé.

Exercice 43 : p. 131

1. 1. Observer la transparence et la fluidité – Evaluer la densité et la couleur – S'attacher au mouvement des bulles – 2. Blond doré, jaune paille, or gris – 3. Le brillant, l'éclat et l'aspect cristallin – 4. La régularité du cordon des bulles qui montent à la surface du liquide et jouent contre la paroi du verre. – 5. Leurs bulles ne doivent pas être agressives.

2. a) F – b) F – c) V – d) F – e) V

3. Lors de la dégustation d'un champagne, il ne faut pas négliger l'ouïe car, d'une part, le bruit du bouchon fait partie du rituel et d'autre part, l'effervescence des bulles définit déjà la qualité du vin.

4. *Transcription*

La Champagne est unique.
Les Champagnes sont multiples.
Les Champagnes ont des amateurs
et des connaisseurs, des créateurs,
une poésie bien à eux : ils sont autant
un art du bien vivre qu'une culture.

Comme les vins, à la grande famille des quels ils appartiennet, les Champagnes interpellent nos sens, tous nos sens. Les Champagnes s'expriment. Ils se présentent. Ils nous invitent à reconnaître, à associer, à nommer. C'est la délicieuse épreuve de la dégustation

L'œil et la vue. C'est le premier de nos sens sollicité : il observe la transparence, la légèreté, la fluidité et la couleur du vin dans le verre. Il évalue la densité du jaune qui peut aller jusqu'à un blond doré, un jaune paille ou un or gris. L'œil saura apprécier la nuance et distinguera ainsi celle qu'il préfère. Un manque de transparence, par exemple, peut surprendre, alors que la vue sera flattée du brillant, de l'éclat et de l'aspect cristallin d'un Champagne. C'est même sa qualité la plus recherchée.
L'œil s'attache au mouvement des bulles. Il suit leur incessante ascension et évalue la finesse et la régularité du cordon, également appelé « collier de perles », qui se forme à la surface du liquide et joue contre la paroi du verre.
L'effervescence a plusieurs degrés de manifestation qui sont autant de marques de la personnalité et de l'âge d'un vin.
Les bulles sont synonymes de Champagne et sont naturellement bien acceptées tant qu'elles n'agressent pas simplement le nez par une trop forte présence.

Le toucher. Le verre, idéalement de la forme d'une tulipe et de la plus grande finesse possible, légèrement rafraîchi par la température du Champagne lui-même, nous permet d'exercer le toucher du vin...
Le toucher est celui de nos sens qui va être le plus sensible à la température du Champagne ; les mains autour du verre le souhaitent frais comme le suggère la légère buée qui s'y forme et le palais le trouvera au meilleur de ses qualités organoleptiques entre 8° et 10°, obtenus en laissant refroidir la bouteille pendant une demi-heure dans un seau à glace.
Ajoutons aussi qu'on peut parler du toucher d'un vin lorsqu'il envahit notre bouche et notre palais.

L'oreille et l'ouïe. Les Champagnes fournissent à l'ouïe des sensations dont on oublie parfois de tenir compte et pourtant, si l'on s'emploie à déboucher la bouteille d'un léger « pop » maîtrisé, le bruit que fait le retrait du bouchon introduit un rituel que nos sens apprennent vite à repérer.
À l'acte suivant, une oreille attentive pourra suivre l'effervescence des bulles, leur ralenti, leur installation dans le verre et leur degré de finesse qui, déjà, peut définir un Champagne.

Le nez et l'odorat. Les vins de Champagne sont finement <u>arômatiques</u> et il n'est pas rare que l'<u>effervescence</u> des bulles soit un véritable écran pour le nez. Les scientifiques s'accordent à penser qu'avec le temps et la civilisation, notre sens <u>olfactif</u> s'est beaucoup <u>affiné</u>. Les arômes <u>nuancés</u> des Champagnes nous apparaissent plus facilement aujourd'hui. Chaque Champagne a ses propres <u>notes</u> fruitées, <u>fleuries</u>, boisées ou <u>épicées</u>.
À l'approche d'un Champagne on trouve d'abord un <u>thème</u> majeur puis des notes <u>persistantes</u> qui reviendront à chaque instant de la <u>dégustation</u>. Il n'est pas rare qu'après une <u>effluve</u> de fleurs blanches, apparaissent l'écorce d'orange ou les <u>baies</u> sauvages. Il s'agira plutôt d'un Brut jeune...
Les <u>arômes</u> sont par nature volatiles et évolutifs. On peut à tout moment les nommer et également les qualifier : <u>fruité</u>, floral, évolué, <u>fin</u>, racé... Mais, pour profiter de toute cette richesse, il faut impérativement attendre que le vin <u>s'ouvre</u>, en le regardant, par exemple.
Une fois ouvert, le Champagne livrera au « premier nez » les impressions <u>olfactives</u> immédiates, puis de <u>longs instants</u> plus tard, c'est le « deuxième nez » qui appréciera les arômes plus <u>profonds</u>, plus complexes, plus précis qui se seront révélés.
Les arômes sont aussi les signes de reconnaissance d'un <u>cépage</u> ou d'une maturité.

La bouche et le goût. Avec les Champagnes, notre langue et notre palais sont particulièrement sollicités. La mise en bouche est le <u>moment fort</u> de la dégustation. L'attention et l'expérience permettront encore mieux <u>d'apprécier</u> ce qui se définira comme intense, épanoui, vif, riche, sublime ou impertinent... Selon que nos papilles reconnaîtront un goût ou un <u>mariage de goûts particulier</u>, selon qu'elles feront la différence entre cette pointe d'agrumes ou <u>cet accent</u> de poire mûre, cette rondeur ou cette longueur en bouche, cette vivacité ou cette souplesse, <u>cette sensation de</u> fruits rouges ou de sous-bois, de pain grillé ou de brioche, cette délicatesse ou cette extrême finesse, le palais saura trouver toutes les réponses à ses questions et apprécier toutes ces harmonies.

5. 1. le moment fort – 2. apprécier – 3. mariage de goûts particuliers – 4. cette pointe de – cet accent de – cette sensation de

MODULE 3
Une entreprise commerciale

1. Relations avec les fournisseurs

Exercice 1 : p. 134

1. **a**) 1. En-tête – 2. références – 3. objet – 4. vedette – 5. date – 6. interpellation – 7. corps de la lettre – 8. signature – 9. renseignements complémentaires

> ☞ *Si l'enseignant désire travailler de manière plus élaborée sur l'organisation de la lettre commerciale, il peut se reporter à* La Messagerie *(mêmes auteurs, même éditeur).*

b)

☞ ***Plan***	***Lettre du Restaurant du Parc***	***Variations possibles***
Formule d'attaque	*Explication* *Formulation de la demande avec présentation de l'entreprise.*	*Mention de source d'informations plus demande.*
Développement	*1. Précision de la demande* *2. Demande de proposition, d'informations*	*1. Demande d'échantillons, de catalogue, de tarifs* *2. Demande de propositions, d'informations*
Conclusion		*Remerciements*
Formule de politesse	*Nous vous prions...*	
Signature	*Pierre Bayard*	

> ☞ *Pour d'autres types de remerciements, comme pour d'autres formules de politesse, se reporter à* La Messagerie.

Exemple : Nous vous prions de nous faire parvenir votre proposition comportant (...) le 5 mars au plus tard pour { que nous puissions la prendre en... / qu'elle puisse être prise en...

2. a)

Souhaitant changer de fournisseur en café, nous avons été vivement intéressés par vos produits présentés à Alpexpo en novembre dernier.

Nos besoins en café sont importants, étant donné notre capacité d'accueil et nous désirons pouvoir obtenir des conditions commerciales sur un approvisionnement à l'année avec livraison mensuelle.

Nous vous prions de bien vouloir nous envoyer vos conditions de prix et de livraison pour des Arabicas en grains, torréfaction moyenne, dans les meilleurs délais.

En vous remerciant,

Nous vous prions d'agréer, Messieurs, l'expression de nos salutations distinguées.

b) Questions à poser : conditions de prix, de livraison, d'emballage ; possibilité d'avoir un échantillon ; conditions de paiement.

Plan de la lettre :
– source d'informations et expression de son intérêt pour leur production ;
– présentation des besoins éventuels du restaurant de l'hôtel Azur ;
– demande de renseignements et d'échantillons ;
– remerciements ;
– formule de politesse.

Exercice 2 : p. 139

1. a) *Paragraphe 2* : confirmation de l'existence du produit et de la qualité demandée. – *Paragraphe 3* : réponse à la demande de conditions.

b) – rappel de l'appel d'offre – présentation de produit – conditions de vente (prix, règlement, livraison) – conclusion : espoir d'une commande – formule de politesse

c) 1. Nous avons bien reçu votre appel d'offre... (B) – Nous vous remercions de votre appel d'offre... (C) – 2. Nous avons le plaisir de vous faire connaître... (B) – Notre catalogue ci-joint vous indiquera... (C) – 3. Nous avons le plaisir de vous faire connaître les conditions de vente... (B) – 4. En espérant que notre proposition vous conviendra et dans l'attente de vos ordres... (B) – Nous espérons bénéficier de vos ordres... (C) – 5. ... et vous assurons de l'attention que nous porterons à toutes vos demandes... (C).

3. L'offre A est la plus intéressante car : offre A : 2000 F,
B : 2015 F,
C : 2176,60 F.

L'offre A est la moins chère, de plus, la livraison est immédiate et le règlement à 30 jours fin de mois de facturation.

Exercice 3 : p. 143

1. a) A1 : offre – A2 : accusons réception de, remercions – A3 : proposez – A4 : En réponse à – B1 : passons commande de – B2 : avons le plaisir de – B3 : expédier – B4 : prendre note de – B5 : remercions de – C1 : attachons, date – C2 : aux conditions habituelles – C3 : indiquées, catalogue.

b) – *commande après offre* : A1 ou 2 ou 3 ou 4 – B1 ou 2 ou 3 ou 4 (sauf si A1 ou A2) – C 1 – D1 ou 2 ou 3
– *commande à un fournisseur régulier ou d'après catalogue* : B1 ou 2 ou 3 ou 4 ou 5 – C1 ou 2 ou 3 – D1 ou 2 ou 3
– *plan pour une commande après offre* : 1. rappel de l'appel – 2. la commande – 3. précision de certains éléments (facultatif) – 4. conclusion – 5. formule de politesse
– *plan pour commande à un fournisseur régulier ou d'après catalogue* : 1. commande – 2. précision de certains éléments – 3. conclusion – 4. formule de politesse

Exercice 4 : p. 144

Transcription

Mme Billon	Bonjour. Ici Madame Billon du restaurant L'Entrecôte. J'aimerais parler à Madame Maret.
Mme Maret	C'est elle-même. Bonjour Madame. Que puis-je pour vous ?
Mme B.	Je voudrais vous faire une commande.
Mme M.	Oui, bien sûr. De quoi avez-vous besoin aujourd'hui ?
Mme B.	Je voudrais du Croix Saint-Martin. Il est toujours à 21,50 la bouteille ?
Mme M.	Oui, toujours. Vous en voulez combien ?
Mme B.	Il nous en faudrait 60. Mais on est un peu juste en bordeaux en ce moment, vous pourriez nous livrer demain matin ?
Mme M.	Demain matin... Nous serons vendredi... Je regarde sur le planning... vers 10 heures-11heures ça vous irait ?
Mme B.	Avant 10 heures, c'est pas possible ? Pour qu'il puisse reposer avant le service du soir.
Mme M.	Ah ! Je regrette. Le parcours du livreur est déjà bien chargé.
Mme B.	Bon... ça ira, mais pas plus tard que 11 heures, alors.
Mme M.	Non, non, comptez sur nous... Alors, cinq cartons de Croix Saint-Martin, vendredi avant 11 heures. Je vous envoie la facture, comme d'habitude ?

Mme B. Oui, oui.
Mme M. Vous m'envoyez un fax de confirmation dans la journée.
Mme B. Pas de problème, je m'en occupe tout de suite.
Mme M. Eh bien, merci Madame, et au revoir.

1. a) 1. Au restaurant L'Entrecôte. – 2. Non puisque Mme Maret lui dit : « De quoi avez-vous besoin aujourd'hui ? » Mme Billon vérifie que le prix du vin n'a pas augmenté et enfin, la facturation se fait aux conditions habituelles. – 3. Elle veut 60 bouteilles de bordeaux Croix Saint-Martin à 21,50 F l'unité. – 4. Oui, elle désirerait être livrée le lendemain avant 10 heures. – 5. Livrer au plus tard à 11 heures. – 6. Elle demande une confirmation par fax.

2. a)

Madame,

A la suite de notre entretien téléphonique de ce jour, nous vous confirmons notre commande de cinq cartons de bordeaux Croix Saint-Martin au prix unitaire de 258 F.

Comme convenu, nous attendons votre livraison pour demain avant 11 heures.

Nous vous remercions de nous adresser cette livraison aux conditions de paiement habituelles.

Dans l'attente,

Nous vous prions...

Exercice 5 : p. 145

1. a) *lettre 1* : 9 – 4 – 11 – 7 – 1 – 13 – 15 – 5 – *lettre 2* : 3 – 8 – 12 – 2 – 14 – 6 – 10

b) *lettre 1* : modification de commande – *lettre 2* : annulation partielle de commande

2. b) 1. d, en effet.– 2. a, par conséquent, en conséquence, donc – 3. e, cependant – 4. b, aussi – 5. c, grâce

Exercice 6 : p. 147

1. *avant la livraison* : pour un retard de livraison

après la livraison : problème posé par les marchandises reçues :

– livraison non conforme :
- la qualité (la couleur, la contenance...) des produits reçus ne correspond pas à celle commandée ;
- il manque des marchandises ;
- dans la livraison se trouvent des marchandises qui n'ont pas été commandées ;

– avarie :
- produits cassés, emballages abîmés ;
- denrées alimentaires avariées.

2. a) *Horizontalement* : a. abîmé – b) rance ; moisi – c) tache – d) fendu – f) ébréché – h) détérioré – j) percé – k) cassé – l) fané – m) sali – n) éventé – o) gâté – q) déchiré – r) éventré – *Verticalement* : 1. altéré ; pourri – 2. brisé – 3. rayé – 7. endommagé – 9. crevé ; talé – 12. meurtri ; avarié – 14. défraîchi – 16. – tourné – 18. flétri

b) *denrées alimentaires* : avarié – pourri – gâté – moisi – tourné – éventé – fané – altéré – flétri – rance – meurtri – talé – **abîmé** – *autres* : cassé – brisé – **abîmé** – ébréché – fendu – rayé – sali – taché – déchiré – éventré – crevé – percé – tordu – défraîchi – détérioré – endommagé.

3. a)

1. *Accuser réception* : a. Nous accusons réception de votre livraison de notre commande du... – b. Nous avons bien reçu votre livraison correspondant à notre commande du...

2. *Expliquer le problème* : a. Toutefois, en procédant au déballage, nous avons constaté que 20 des 100 verres à pied réf. 112z étaient ébréchés. – b. Mais nous avons eu la surprise de constater que, au lieu des 50 boîtes de foie gras d'oie commandées, nous avons reçu 50 boîtes de foie gras de canard. – c. Nous sommes au regret de vous informer que toutes les salades étaient flétries et 2 des 10 cagettes de poires présentaient des fruits meurtris. – d. Toutefois, lors du déballage, nous avons constaté qu'au lieu des 100 serviettes commandées, votre envoi en comptait seulement 80. – e. Mais, après déballage, nous avons constaté avec surprise que vous nous avez expédié 30 kg de café Robusta et 30 kg d'Arabica au lieu de 60 kg d'Arabica. – f. Toutefois, le déballage nous a permis de constater que votre livraison comportait 100 vases uniflores au lieu des 150 commandés.

3. *Proposer une solution ou formuler une demande* (les éléments sont donnés dans l'ordre) : **a**. 9 – 16 – 3 – 18 – **b**. 15 – 8 – 6 – 12 – **c**. 19 – 1 – 10 – 14 – 4 **d**. 20 – 5 – 11 – 7 **e**. 2 – 22 – **f**. 17 – 13 – 21 – 23

4. *Conclusion* : attente – espérons – intérêt – réclamation – incident – reproduira

b) lettre 1 : 1 a ou b – 2a – 3c – 4a – 5a
lettre 2 : 1 a ou b – 2c – 3a – 4c – 5b
lettre 3 : 1 a ou b – 2b – 3f – 4a – 5a
lettre 4 : 1 a ou b – 2d – 3e – 4a – 5a
lettre 5 : 1 a ou b – 2e – 3d – 4b – 5c
lettre 6 : 1 a ou b – 2f – 3b – 4a – 5a

2. Relations avec les clients

A. La promotion

Exercice 8 : p. 152

1. **a**) *à gauche* : image (partie iconographique) – *à droite* : texte en 4 parties : 1. bandeau plus foncé 2. texte en gros caractères 3. texte en petits caractères 4. logo de l'hôtel – *en bas* : où s'adresser

b) 1. bandeau foncé avec résumé de l'offre : chambre gratuite pour les enfants – 2. parallélisme parents-enfants – identité de structure : nous vous offrons une chambre – caractérisation de la chambre en fonction de l'intérêt principal de chacun : parents → gratuite – enfants → qui se range seule – 3. énoncé des conditions pour bénéficier de cette offre. – 4. procédé anaphorique : « cette offre » reprend « nous vous offrons ». – 5. • dates de validité de l'offre et lieux (toute l'année les vendredis, samedis, dimanches ; tous les jours du 11.12.94 au 1.01.95 inclus ; Europe, Asie, USA, Brésil) • avantage supplémentaire : plus la réservation est faite tôt, plus le client pourra choisir – 6. humour : complicité avec les parents (chambre communicante pour les parents inquiets ; chambre éloignée pour les parents désirant un peu de tranquillité).

c) La famille

d) 1. promotionnel : gratuité de la chambre pour les enfants – publicitaire : confort des parents (enfants à part et logés correctement) ; confort des enfants (pas de rangement et chambre personnelle) ; confort de la famille (qui peut voyager ensemble) : tout est possible.

2. *Proposition* : la coccinelle, symbole de porte-bonheur, est transformée en jouet mécanique, qui fonctionne tout seul. La fleur évoque, bien sûr le caractère accueillant et chaleureux de l'hôtel mais peut aussi renvoyer à l'expression « faire une fleur à quelqu'un » qui signifie faire un cadeau, donner un avantage, faire une faveur.

2. **a**) Une partie photo : intérieur du restaurant – Une partie texte en 3 parties : l'accroche ; le texte en petits caractères ; nom + adresse

b) 1. 130 ans plus tard, elle est toujours la première brasserie de Paris : pérennité de l'établissement grâce à la qualité de ses prestations.

> ☞ *Brasserie : grand café restaurant où on trouve un grand choix de bières. Souvent brasserie alsacienne avec des plats régionaux comme la choucroute par exemple.*

2. 1. historique : première brasserie ouverte à Paris en 1864 – 2. description du lieu – 3. offre promotionnelle à cause de l'anniversaire

3. la première brasserie – succès immédiat – réputation – institution – haut lieu de vie parisienne – faste – authentique – délicates attentions

c) 1. Cette publicité s'adresse à ceux et celles qui apprécient une réelle cuisine traditionnelle, qui aiment une ambiance nostalgique du passé mais exige une qualité parfaite. (*Cf.* jeu de mots sur « première brasserie créée » et « n° 1, leader » – 2. C'est l'oiseau symbole de l'Alsace, qui revient toujours nicher au même endroit à chaque printemps.

Exercice 9 : p. 154

1. a) – Introduction : depuis quand, où, qui propose quoi – la carte, sa diversité – les qualités – conclusion : renseignements

b) de choix – sont rois – choix incomparable – incomparable fraîcheur – prix raisonnables – cave astucieuse

c) Le « meilleur de la mer » à Nice.

> ☞ *Dans l'encart, des fautes d'orthographe se sont glissées : il faut lire « anchois » et non « anchoix ».*

2. a) – Introduction : situation géographique – développement : les prestations offertes (renseignements, prix)

b) publicité : accent sur un produit ou une promotion particulière valable pour toute la chaîne Sofitel – encart : texte promotionnel pour un hôtel (ici celui de Nice) présentation de tous les avantages de cet établissement.

Exercice 10 : p. 155

3. 1F Il est dans l'hôtel Lyon Métropole – 2 V – 3 F Il s'agit du changement du décor – 4 V – 5 F A l'automne, au moment où la chasse est ouverte, la carte propose du lièvre – 6 F Il a travaillé chez Pierre Orsi et au Palace Juana – 7 F – 8 V 120 couverts de plus sous une verrière

Exercice 12 : p. 157

1. a) Escales – un agréable voyage

b) Une demie bouteille de champagne à l'arrivée à l'hôtel.

c) Aux usagers d'Air-littoral : il faut présenter son billet d'avion pour bénéficier de ce privilège lorsqu'on descend dans un des deux hôtels Pullman cités.

Exercice 13 : p. 158

a) Les clients pour leur proposer une offre promotionnelle, leur faire découvrir un nouvel avantage.

b) 1. Valoriser le destinataire : première phrase. – 2. Utiliser des mots vendeurs : « Sofitel est le seul à... le meilleur... le premier... ». – 3. Proposer des solutions : paragraphe 2 = le problème ; paragraphe 3 = la solution (chambre gratuite). – 4. Faire du prix un avantage : « ...pour un coût tout à fait raisonnable... ». – 5. Répondre aux objections possibles : paragraphe 2. – 6. Demander une réponse rapide : « Réservez dès maintenant... » = paragraphe 4. – 7.Rassurer le client : dernier paragraphe.

Exercice 14 : p. 160

1. 1. qui défendent la même philosophie – 2. sur les grands axes routiers – 3. service attentif – 4. les sanitaires – 5. la literie – 6. multilingue – 7. encas à toute heure – 8. service sans chichis.

2. a) 1. Urbis : pas de restaurant, situé en dehors des villes et aéroports ; Ibis : situé en centre ville et aéroports – 2. Il y a un jeu Minitel avec un week-end en Europe à gagner – 3. « Hôtel Ibis, moi je dis bis ! »

B. Communications externes

Exercice 15 : p. 162

1. *Ecrit* : la lettre, la télécopie ou fax, le télex ; *Oral* : le téléphone

2. Un restaurateur : par téléphone pour réserver une table ;
pour se renseigner ;
pour demander une précision ;

	par lettre ou fax	pour se renseigner (repas de mariage, banquet, séminaire...) ; pour réserver (pour un banquet lorsque le client est une entreprise) ; pour confirmer ou annuler une réservation.
Un hôtelier :	par téléphone	pour réserver, se renseigner ;
	par lettre ou fax	pour une réservation complexe (groupe), lorsque le client est une entreprise, une agence de voyage... ; pour confirmer ou annuler une réservation.

> ☞ *Lorsqu'une réservation, une annulation se fait par téléphone, il faut la confirmer par lettre. N.B. : Le fax, en France, n'a aucune valeur légale.*

3. Pour faire une offre (chambre et prestations, menus spéciaux...) – Pour confirmer – accuser réception – Pour envoyer une facture (quand le client est une entreprise) – Pour annuler

Exercice 16 : p. 162

1. **a**) – Restaurant du Parc, bonjour ! [...] – Oui, ce serait pour quand ? [...] – Pour combien de personnes, s'il vous plaît. [...] – Oui, ne quittez pas... Je regarde... Hélas ! Je suis désolée mais nous sommes complets. [...] – Le 18 ?... Là, c'est possible... Six personnes, donc. [...] – Vous viendrez vers quelle heure ? [...] – Parfait. Je peux vous demander votre nom, s'il vous plaît ? [...] – Eh ! bien, c'est noté. Au revoir Madame et à samedi.

> ☞ *On peut travailler, en parallèle avec cette partie du module, les exercices 1 à 6 du module 4 (prendre contact).*
> *L'enseignant peut faire pratiquer l'entretien téléphonique à l'aide du plan du restaurant du Parc et / ou du planning de l'hôtel Azur.*

b) – Hôtel Galaxie, bonjour. [...] – Simple ou double ? [...] – Pour quelle période ? [...] – Oui... Je peux vous proposer des chambres avec douche ou avec bain. [...] – La chambre simple, c'est 350 F et la double, 420 F. [...] – Donc, trois nuitées du 14 au 17 avril, une double et une simple avec douche... A quel nom ? [...] – C'est noté. Nous vous attendons donc le 14.

Exercice 17 : p. 164

1. 1. A : demande de réservation – B : confirmation de réservation et demande d'accord – 2. A : chambre double avec bain et WC ; du 07 au 17 juillet – B : 16 mai ; buffet froid – 50 personnes – 250 F par personne – 3. A : prix de la chambre ; versement d'arrhes ou non. Si oui : montant des arrhes – B : confirmer son accord ; demander un versement d'arrhes

2.

> ☞ *– Le versement d'arrhes permet de valider la réservation, il est habituellement de 20 % de la somme totale.*
> *– L'enseignant désirant travailler de manière approfondie les techniques de réservation par lettre ou par téléphone peut se reporter à* La Voyagerie, *escale 6 (réserver, confirmer, annuler)*
> *– De même pour travailler la lettre de réclamation, l'enseignant peut se reporter à* La Voyagerie, *escale 4.*

MODULE 4
Des services

1. Le client arrive

A. Prendre contact : accueillir un client

Exercice 1 : p. 170

1.

A	B
2 j	12 a
5 g	1 f
6 b	3 e
8 c	7 m
10 d	9 h
11 i	4 l
6 k	4 n
7 g	

2. (+ corrigé exercice 3 . 2)

1. C'est un grand plaisir de vous accueillir à nouveau.
2. Vous êtes de nouveau à Paris ?
3. Nous sommes heureux de vous revoir.
4. Cela fait plaisir de vous revoir.
5. Cela fait longtemps que vous n'étiez pas venus à Paris / en France.
6. C'est un grand plaisir de vous revoir.
7. Nous sommes heureux de vous accueillir à nouveau.
8. C'est un plaisir de vous revoir.
9. Nous sommes heureux de vous revoir en France.
10. Cela nous fait plaisir de vous accueillr à nouveau à Paris / en France.

☞ *Ces phrases peuvent être utilisées aussi dans un restaurant lorsqu'un client habituel se présente.*

Exercice 3 : p. 174

a) 1. 33 – 2. 21 – 3. 12 – 4. 36 – 5. 36 – 6. 72 – 7. 46 – 8. 116.

b) 1. La table 1 pour deux personnes est placée dans l'espace « fumeurs », près d'une fenêtre / du bar. – 8. La table 8 pour deux personnes est située dans l'espace « fumeurs » tout à côté de la cheminée. – 6. La table 6 pour huit personnes est située dans l'espace « fumeurs » dans un angle. – 11. La table 11 pour quatre personnes est placée dans l'espace « fumeurs » en face du bar. – 13. La table 13 pour deux personnes est située dans l'espace « non fumeurs » dans l'angle. – 14. La table 14 pour deux personnes est placée dans l'espace « non fumeurs » devant la fenêtre. – 16. La table 16 est une table pour six personnes dans l'espace « non fumeurs » devant / face à la baie vitrée qui donne sur le parc. – 21. La table 21 est une table pour huit personnes dans l'espace « non fumeurs » dans l'angle.

Exercice 4 : p. 175

Transcription des dialogues (serveur = S – client = C).

Dialogue 1
S – Bonjour Madame, bonjour Monsieur. Vous désirez déjeuner ?
C – Oui.
S – Une table pour deux personnes ? Près de la fenêtre, ça vous irait ?
C – C'est « non-fumeurs » ?
S – Oui.
C – Alors, c'est parfait.

Dialogue 2
S – Bonjour Madame, bonjour jeune homme. Vous avez réservé ?
C – Non. On peut encore manger ?
S – Bien sûr. Deux personnes ?
C – Non, trois. Mon mari arrive, il est en train de garer la voiture.
S – Trois personnes. En terrasse ou à l'intérieur ?
C – Oh ! En terrasse, ça serait parfait.
S – Je peux vous installer à cette table là... qui donne directement sur le parc...
C – Merci, oui. C'est très bien pour Benjamin.

Dialogue 3
S – Bonjour Mesdames, vous êtes deux ?
C1– Oui, merci.
S – Il me reste une table dans l'angle du côté « non-fumeurs », si cela vous convient ?
C1– Pour moi oui. Mais toi Sophie ?
C2– Oui, pour une fois je ne fumerai pas.

1. a) *Dialogue 1*
– Il est non fumeur
– Le client vérifie auprès du serveur que la table proposée est bien dans l'espace « non-fumeurs » (C'est « non-fumeurs » ?)

Dialogue 2
– Un couple avec leur jeune fils (« Bonjour jeune homme »)
– La table proposée donne directement sur le parc, ce qui permettra à l'enfant de sortir de table pour jouer.

Dialogue 3
– L'une est non-fumeuse (« Pour moi, oui »), l'autre est fumeuse (« Pour une fois, je ne fumerai pas »).

b)

	Salutations	Phrase d'introduction	Vérification du nombre de convives	Demande de précisions	Proposition	Demande d'approbation du client
DIALOGUE 1	Bonjour Madame, bonjour Monsieur.	Vous désirez déjeuner ?	Une table pour deux personnes ?		Près de la fenêtre.	Çà vous irait ?
DIALOGUE 2	Bonjour Madame, bonjour jeune homme.	Vous avez réservé ?	Deux personnes ?	En terrasse ou à l'intérieur ?	Je peux vous installer à cette table, là (...) parc.	
DIALOGUE 3	Bonjour Mesdames.		Vous êtes deux ?		Il me reste une table (...) non-fumeurs.	Si cela vous convient ?

2. *Vérification du nombre des convives* : – X personnes ? – Vous êtes X ? – C'est pour X personnes ? – Une table pour X ?
(*Demande de précision* : – Fumeur ou non-fumeur ? – En terrasse ou à l'intérieur ? – Vous préférez la salle ou la terrasse ?)
(*Reformulation* : – X personnes... – Une table pour X personnes... – Fumeur... – En terrasse...)
Proposition : Près de... – Je vous installe à... – Je peux vous installer... – J'ai une table pour X qui... – Il me reste cette table... – Vous pouvez vous installer... – J'ai une grande table... – Il me reste seulement... – * Où vous voulez... – * Vous avez le choix... – * Choisissez votre table...
(*Demande d'approbation du client* : – Ça vous irait ? – Ça vous va ? – Ça vous convient ? – Si cela vous convient. – Si vous voulez. – Si vous le désirez. – Si vous le souhaitez.)

> ☞ * *Cas où il n'y a pas beaucoup de clients.*
> *Les éléments entre parenthèses peuvent ne pas être utilisés.*

3. Table n° 3 : Je vous installe à cette table près de la fenêtre. – **T 8** : Je vous installe à cette table tout près de la cheminée. – **T 11** : Je vous installe à cette table à côté du bar. – **T 18** : Je peux vous installer à la table ronde, si vous le désirez. – **T 16** : J'ai une table pour six qui donne sur le parc. – **T 20** : Quatre personnes ?... Il me reste cette table... – **T 17** : Deux personnes ? Vous pouvez vous installer à cette table... – **T 6** : Six personnes ? Il me reste une table dans le coin fumeurs. – **T 16 ou 21** : Vous êtes cinq ? J'ai une table là, si vous désirez un peu de tranquillité... ou alors celle-ci, près de la baie vitrée. – **T 1+ 2** : Pour quatre personnes ?... Je peux vous installer ici... en réunissant ces deux tables, si cela vous convient. – **T 13** : Trois personnes ? Il me reste seulement cette table dans l'angle, ça vous irait ?

Exercice 5 : p. 177

1. Fumeur / non-fumeur – Intérieur / terrasse – Une place particulière de la salle :
- près de la cheminée
- pas trop près de la cheminée
- plutôt dans un angle
- pas trop au centre de la salle
- une table tranquille
- la table ronde
- etc.

Exercice 6 : p. 178

1. *Transcription*

MH – Bonjour Mesdames, bonjour Messieurs. Vous avez réservé ?
M1 – Ah ! non... C'est trop tard pour dîner ?
MH – Mais non, pas du tout. Une table pour quatre ?
D1 – Est-ce que ça serait possible d'avoir cette table là-bas, près de la cheminée ? C'est tellement agréable !
D2 – Oh ! oui...
MH – Oui, je comprends... mais malheureusement cette table est réservée.
D1 – Vous croyez que ces personnes vont venir ? Il est déjà tard !
MH – Ça, Madame, je ne peux pas vous dire. Mais cette table est réservée et je dois la garder pour mes clients. Je regrette. Mais je peux vous proposer cette table face au parc, elle est très agréable également, et vous y serez très tranquilles.
D2 – Oui. Ça a l'air bien.
M1 – Mais, excusez-moi... elle est du côté non-fumeurs ?
MH – Oui, Monsieur.
M1 – C'est très ennuyeux ça : nous sommes tous fumeurs !
MH – Dans ce cas... Laissez-moi réfléchir... Il y a ces deux tables là, près de la cheminée, qui ont presque terminé. Si vous voulez bien patienter un peu... Je pourrai les réunir.
D1 – Oui, mais ce sera dans combien de temps ?
MH – Oh ! Ils en sont au dessert... Trente minutes, quarante au maximum. Si vous acceptez l'attente, la maison vous offre un apéritif au bar.
M1 – C'est très gentil de votre part. Merci. Nous allons attendre.
MH – Alors je vous laisse vous installer au bar.... Et je vous préviens dès que votre table est prête. Excusez-nous encore.

a) 1. Deux hommes et deux femmes. – 2. Le soir tard. – 3. Elle souhaite une table près de la cheminée. – 4. Elle est réservée. – 5. Il est tard et il pourrait leur donner la table. – 6. Il leur propose une table face au parc. – 7. La table est agréable et tranquille. – 8. Elle est dans l'espace non-fumeurs. – 9. Les quatre clients sont fumeurs. – 10. Il propose de réunir deux tables qui sont près de la cheminée. – 11. Parce que les clients en sont au dessert et que les tables seront donc bientôt libérées. – 12. Trente-quarante minutes maximum. – 13. La maison offre l'apéritif au bar. – 14. Ils acceptent. – 15. Il viendra les prévenir dès qu'ils pourront passer à table.

b) table 7 – table 20 – table 4 + 8 –

c) Canevas : 1. Salutations. – 2. Souhaits des clients. – 3. Excuse et justification du maître d'hôtel avec contre-proposition. – 4. Objection des clients. – 5. Nouvelle contre-proposition avec argument commercial. – 6. Acceptation des clients.

d) Je regrette – Je comprends mais malheureusement – Excusez-nous encore

2. a)

> ☞ *Selon les besoins, il est possible d'ajouter d'autres situations pour permettre aux étudiants, selon leur niveau, d'acquérir de la pratique.*
> *Dans le cas où il n'y a aucune contre-proposition, penser à faire noter aux étudiants les formules suivantes : – « Le restaurant est complet » – « Nous sommes complets » – « Nous n'avons plus aucune table »*

Exercice 7 : p. 180

1. *Transcription*

MH (maître d'hôtel) : Bonjour Madame, bonjour Monsieur. Vous avez réservé ?
C (client) : J'ai appelé hier...
MH : C'est à quel nom ?
C : Bernoud.
MH : Eh ! bien... Ecoutez... je ne vois rien. Vous pouvez me répéter votre nom ?
C : Oui... BER-NOUD
MH : Garcia... Lorca... Gimenez... Verlou.
C : Ah ! C'est Bernoud... avec un B... B.E.R.N.O.U.D.
MH : Ah oui ! Excusez-moi... j'avais mal compris... une table pour deux... je l'ai... si vous voulez bien me suivre...

1. Par téléphone. – 2. Bernoud – 3. Il a mal compris le nom. – 4. il a confondu Bernoud et Verlou.

2.

> ☞ *L'enseignant, selon les difficultés et les besoins de ses élèves, choisira le(s) exercice(s) qui convien(nen)t.*

a)

Série 1	1. Faret	2. Baret	3. Varet
Série 2	1. Verrier	2. Ferrier	3. Berrier
Série 3	1. Baron	2. Varon	3. Faron
Série 4	1. Fignon	2. Bignon	3. Vignon
Série 5	1. Vellot	2. Fellot	3. Bellot
Série 6	1. Boutin	2. Foutin	3. Voutin
Série 7	1. Varre	2. Barre	3. Farre
Série 8	1. Bouquet	2. Fouquet	3. Vouquet
Série 9	1. Felan	2. Velan	3. Belan
Série 10	1. Foucher	2. Voucher	3. Boucher

> ☞ *Pour les étudiants, dans cet exercice, l'orthographe du nom a peu d'importance. L'essentiel ici est qu'ils trouvent la consonne initiale. L'épellation est l'objet d'autres exercices.*

b) [ʃ] : 2. **Ch**ardon – 6. Pe**ch**eur – 10. Mar**ch**al – 12. Pi**ch**at – 16. Fou**ch**ère
[ʒ] : 3. Don**j**on – 7. Gou**j**on – 11. **J**ullian – 19. Pi**ge**at
[s] : 1. Ca**ss**on – 4. Mar**ti**al – 8. Calla**s** – 14. Ti**ss**ot – 15. Dou**c**et – 18. Vin**c**endon
[z] : 5. Ti**s**ot – 9. Para**z** – 13. Mu**z**in – 17. Fri**s**on – 20. Pi**s**at

d)

	1ère SYLLABE			2e SYLLABE			
	[i]	[u]	[y]	[i]	[u]	[y]	**Noms**
1		X			X		Brouilloud
2			X	X			Sully
3			X		X		Butoux
4	X					X	Ligure
5	X			X			Vivier
6		X		X			Trouilly
7			X		X		Duloup
8		X				X	Boudu
9	X				X		Limoux
10			X	X			Munier
11			X		X		Dutourd
12	X					X	Fiduque
13			X		X		Putoud
14		X		X			Souchy
15			X	X			Mussire

e)

	[ã]	[ɔ̃]	[ɛ̃]	[œ̃]	sans nasale	Noms
1				X		Lebrun
2	X					Leblanc
3		X				Vignon
4					X	Sirot
5	X					Jullian
6		X				Bonte
7			X			Saintes
8					X	Moussat
9			X			Pingon
10	X					Noussand
11	X					Rambert
12			X			Replain
13		X				Poncet
14		X				Descombes
15				X		Velun
16			X			Lutrin
17	X					Flamand
18					X	Picaud
19				X		Chuntier
20		X				Teulon

Exercice 9 : p. 186

Dialogue 1
MH : Bonjour Mesdames, bonjour Monsieur. Vous avez réservé ?
C : Oui, mais nous avons réservé une table pour deux et nous sommes trois. Ça ne vous pose pas de problème ?
MH : Pas du tout. Nous allons rajouter un couvert à votre table.
C : Merci. Ce sera parfait.
MH : Si vous voulez bien me suivre.

Dialogue 2
MH : Bonjour Mesdames, bonjour Messieurs.
C : Bonjour, nous avons un petit souci. Nous avons réservé une table pour quatre et nous sommes six.
MH : N'ayez aucun souci, je peux vous donner une autre table. Une réservation a été annulée et j'ai une table pour six.
C : Merci beaucoup.

Dialogue 3
MH : Bonjour Mesdames, bonjour Messieurs.
C : Bonjour. Nous sommes bien ennuyés mais nous sommes six alors que nous avions réservé pour quatre.
MH : Eh ! bien, nous vous avions réservé la table près de la cheminée, mais pour six je vais devoir réunir deux tables et, donc, je peux vous installer dans l'angle près de la fenêtre.
C : Oui, bien sûr. C'est très aimable de votre part.

Dialogue 4
MH : Bonjour Mesdames, bonjour Messieurs.
C : Bonjour. Nous sommes bien ennuyés mais nous sommes six alors que nous avions réservé pour quatre.
MH : Je peux rajouter deux couverts. Bien sûr, vous aurez un petit peu moins d'espace mais je ne peux vraiment pas faire autrement. Nous sommes complets.
C : Oh ! ça ira très bien. Merci.

Dialogue 5
MH : Bonjour Mesdames, bonjour Messieurs.
C : Bonjour, nous avons un petit souci. Nous avons réservé une table pour quatre et nous sommes six.
MH : Pour six... Ecoutez, je vais être obligé de vous faire attendre quelques minutes...Une table pour six va se libérer. Si vous voulez bien patienter au bar, je vous préviens dès que votre table est prête.
C : C'est très bien. Nous prendrons un apéritif en attendant.

B. Prendre en charge

Exercice 10 : p. 187

a)

1	2	3	4
1 3	2	5	4 6

b) *Catégorie 1* : la structure est :
sujet + verbe (+ complément) + point d'interrogation
soit
phrase affirmative + point d'interrogation

Catégorie 2 : la structure est :
est-ce que + sujet + verbe + complément + point d'interrogation
soit
est-ce que + phrase affirmative + point d'interrogation

Catégorie 3 : mot interrogatif + verbe + sujet + complément + point d'interrogation

Catégorie 4 : verbe + sujet + complément + point d'interrogation

c) Il s'agit du verbe « pouvoir » sous deux formes :
– forme affirmative : je peux
– question directe : puis-je (avec inversion du sujet)

> ☞ *Ces phrases sont utilisées dès que le client s'adresse à un employé de l'accueil à l'hôtel pendant son séjour. Elles peuvent être aussi employées par le serveur au restaurant lorsque le client, installé, l'appelle pour lui demander quelque chose.*

Exercice 11 : p. 188

1. Les questions peuvent être classées en quatre thèmes :
1. la durée du séjour – 2. le type de chambre désiré (confort) – 3. les préférences du client (localisation) – 4. les prestations souhaitées (chambre seule, double, avec petit déjeuner, demi-pension, pension complète).

2. a) **Q.** C'est pour combien de jours ? / Vous pensez rester combien de temps ? / C'est pour quelle durée ? / Vous restez combien de jours ?
R. Trois jours, peut-être quatre.

b) **Q.** Quel type de chambre désirez-vous ? / Vous désirez combien de chambres ? / Vous désirez une chambre simple ou une chambre double ? / Vous voulez une seule chambre ?
R. Une chambre double.

c) **Q.** Vous préférez une chambre qui donne sur le parc ou la piscine ? / Que préférez-vous : sur le parc ou sur la piscine ? / Qu'est-ce que vous préférez : donner sur le parc ou sur la piscine ? / Préférez-vous une chambre sur le parc ou sur la piscine ?
R. Pour le calme, je préfère le parc.

d) **Q.** En demi-pension ou en pension complète ? / Vous souhaitez la demi-pension ou la pension complète ? / Désirez-vous une chambre en demi-pension ou en pension complète ? / Nous pouvons vous proposer la chambre avec petit déjeuner, la demi-pension ou la pension complète : que souhaitez-vous ?
R. Nous préférons la demi-pension.

3. **1** f – **2** i – **3** c – **4** b – **5** d – **6** e – **7** g – **8** h – **9** a

4. a) 1. La réponse est « oui » ou « non ». – 2. La réponse est un des deux éléments de la question. – 3. Toutes les réponses sont possibles.

> ☞ *La réponse d'un mot interrogatif permet différents types de réponse.*

b) Exemple de corrigé (tableau page suivante) :

DURÉE DE SÉJOUR			CONFORT DE LA CHAMBRE			LOCALISATION			PRESTATIONS SOUHAITÉES		
Questions ouvertes	Questions fermées	Questions avec alternative	Questions ouvertes	Questions fermées	Questions avec alternative	Questions ouvertes	Questions fermées	Questions avec alternative	Questions ouvertes	Questions fermées	Questions avec alternative
• C'est pour combien de jours ? • Vous pensez rester combien de temps ? • C'est pour quelle durée ? • Vous restez combien de jours ?	• C'est pour une nuit ?	• C'est pour une nuit ou pour un séjour plus long ?	• Vous désirez quel type de chambre ? • Quel type de chambre désirez-vous ?	• Vous désirez une chambre avec bain ? • Désirez-vous une chambre avec bain ?	• Une chambre avec bain ou avec douche ? • Vous préférez une chambre avec bain ou avec douche ? • Qu'est-ce que vous préférez : une chambre avec douche ou avec bain ?	• Avez-vous une préférence ?	• Vous préférez une chambre au rez-de-chaussée ? • Préférez-vous une chambre qui donne sur le parc ?	• Vous désirez une chambre qui donne sur le parc ou sur la piscine ? • Que préférez-vous : sur la rue ou sur la cour ?	• Que désirez-vous ?	• Vous désirez la chambre et le petit-déjeuner ? • Désirez-vous la demi-pension	• En demi-pension ou en pension complète

☞ • *L'enseignant devra insister sur la variation dans la formulation des questions.*
• *Il peut aussi profiter de cette activité pour vérifier la connaissance du lexique. Exemple : rue, piscine, cour, parc, premier étage, rez-de-chaussée, rez-de-jardin…*

Exercice 12 : p. 191

1. a)

Discours direct	Discours rapporté	
	question indirecte	discours indirect
• il a dit : « je voudrais... »		• je vous ai dit que je voulais...
• il demandait : « désirez-vous... ? »	• je vous demandais si vous désiriez...	
• il a répondu :« (je reste) six jours »		• je vous ai répondu que je restais six jours
• il demandait : « est-ce que vous avez une... ? »	• je vous demandais si vous aviez...	
• il a dit : « je resterai jusqu'à... »		• vous m'avez bien dit que vous resteriez jusqu'à...
• il dit : « je vais rester quatre jours »		• vous pouvez me répéter combien de jours vous allez rester
• il a demandé : « Pouvez-vous épeler votre nom »	• je vous ai demandé d'épeler votre nom	
• il a demandé : « Quel est le prix de... ? »	• je n'ai pas compris quel était le prix	

b.) • La ponctuation : la phrase au discours rapporté est une phrase affirmative : elle se termine donc par un point.

• Les pronoms personnels : selon la personne qui rapporte le message, le pronom personnel peut changer.

* *Je* voudrais... → *Je* vous ai dit que *je* voulais
C'est la personne elle-même qui rapporte ses paroles → pas de changement

* *Je* resterai... → Vous m'avez dit que *vous* resteriez...
C'est le réceptionnaire qui rapporte les paroles du client → changement de pronom

☞ *C'est la même chose pour les possessifs.*

• L'ordre des mots : c'est celui de la phrase affirmative sauf lorsque le mot interrogatif est « quel ».

• Les mots interrogatifs :

* au discours direct, on a une phrase introduite par un mot interrogatif, ce mot est repris dans le discours rapporté ;

* au discours direct, on a une phrase sans mot interrogatif, on utilise **si** dans le discours rapporté.

• Les verbes introducteurs du discours rapporté :

dire que	demander + infinitf	ne pas comprendre
répondre que	demander si	ce que

c)

	DISCOURS DIRECT	DISCOURS RAPPORTÉ
le verbe introducteur est	• au présent • à l'impératif • au futur • au conditionnel présent	• au présent • à l'impératif • au futur • au conditionnel présent → pas de changement de temps
le verbe introducteur est	à un des temps du passé de l'indicatif ou au conditionnel passé **1. le verbe du message est** • à l'imparfait • au plus-que-parfait • au conditionnel présent ou passé **2. le verbe du message est** • au présent • au passé composé • au futur • au futur antérieur • au conditionnel de politesse	 • à l'imparfait • au plus-que-parfait • au conditionnel présent ou passé → pas de changement de temps • à l'imparfait • au plus-que-parfait • au conditionnel présent • au conditionnel passé • à l'imparfait

2. *Transcription*

R : Bonjour Monsieur. Vous désirez ?
C : Bonjour. J'aimerais savoir s'il vous reste des chambres.
R : C'est pour combien de jours ?
C : Trois jours, jusqu'à mercredi matin.
R : Une chambre double ou une chambre simple ?
C : Une chambre simple.
R : Vous désirez donc une chambre simple pour deux nuits ?
C : Deux, non, trois !
R : Si vous souhaitez rester jusqu'à mercredi matin, comme vous me l'avez dit, cela fait bien deux nuits.
C : Ah oui, bien sûr !
R : Attendez, je regarde... Vous m'avez bien dit que vous souhaitiez une chambre simple ?
C : Oui.
R : Il me reste seulement des chambres avec des lits jumeaux... Vous me dites si ça vous convient.
C : Ça n'a pas d'importance, ça va très bien.
R : Mais je peux vous faire choisir avec douche ou avec bain.
C : Je préfère avec bain.
R : Alors, la chambre 24 avec bain... elle donne sur la rue (bruits).
C : Excusez-moi, je n'ai pas entendu ce que vous me disiez.
R : Je vous demandais si le fait d'avoir une chambre qui donne sur la rue vous convenait
C : Sur la rue... Oh ! ça va être bruyant ! Et pendant un colloque, le soir, je préfère être au calme.
R : Je comprends tout à fait, je vais voir si j'ai une autre chambre à vous proposer... Ah ! oui, j'ai la 32. Elle donne sur la cour. Malheureusement il y a seulement une douche.
C : Je préfère ça, tant pis. Ça sera plus calme !
R : Donc une chambre simple avec douche. C'est 350 francs.

C : Avec ou sans petit déjeuner ?
R : Avec, bien sûr.
C : Oui, c'est d'accord.
R : Je peux avoir votre nom ?
C : Oui. Baffert.
R : Vous m'avez dit Bassert, avec deux « s » ?
C : Non. Deux « f » : Ba-ffert
R : Excusez-moi...

a) 1. Sur la durée du séjour. – 2. Mercredi matin. – 3. Une chambre simple. – 4. Le client compte en jours alors que le réceptionnaire compte en nuits (ou nuitées). – 5. Une chambre avec des lits jumeaux. – 6. Elle donne sur la rue et il a peur qu'elle soit bruyante – 7. Chambre 24 sur la rue avec bain / Chambre 32 sur la cour avec bain – 8. 350 francs – 9. Baffert

b)

1 FORMES INDIRECTES	2 DISCOURS RAPPORTÉ	3 REFORMULATION
• J'aimerais savoir s'il vous reste des chambres. • Vous me dites si ça vous convient. • Je n'ai pas entendu ce que vous me disiez.	• Vous m'avez bien dit que vous souhaitiez une chambre simple. • Je vous demandais si le fait (...) vous convenait.	• Vous désirez donc une chambre simple pour deux nuits ? • Si vous souhaitez (...) comme vous me l'avez dit, cela (...) • Donc une chambre avec douche. • Vous m'avez dit Bassert avec deux « s » ?

Reformulation
- Est-ce qu'il vous reste des chambres ? – Vous reste-t-il des chambres ? – Il vous reste des chambres ?
- Est-ce que ça vous convient ? – Cela vous convient-il ?
- Qu'avez-vous dit ? – Qu'est ce que vous avez dit ?

Le client et le réceptionnaire préfèrent la forme indirecte parce qu'elle est moins abrupte, plus courtoise.

* *Reformulation au discours rapporté*
- Vous m'avez bien répondu que...
- C'est bien... que vous m'avez dit
- Le..., c'est bien ce que vous m'avez dit ?
- Vous m'avez bien indiqué que...
- ..., c'est bien ce que vous m'avez demandé ?
- Vous m'avez donc dit que...

* *Reformulation par d'autres énoncés*
- Il s'agit bien de...
- Le..., c'est bien ça ?
- C'est bien ce que vous souhaitez ?
- Si j'ai bien compris, vous désirez / souhaitez...
- Alors, une chambre...
- C'est donc bien (le 24 que vous arrivez) ?

C. Assurer la continuité

Exercice 14 : p. 195

1. 1. V – 2. F, il y en a 18 car la chambre 403 sera libérée ce jour. – 3. F, il y en a cinq : 101, 107, 203, 303, 401. – 4. V – 5. F, ce sont deux chambres à un lit avec douche mais la 305 donne sur le jardin et la 407 sur la rue. – 6. V – 7. F, à chaque étage, il y a une chambre sans WC. – 8. F, l'une donne sur le jardin, l'autre sur la rue. 9. V – 10. F, il y en a cinq : ce sont les chambres 110, 203, 304, 309 et 403.

2. 40 – 18 = 22 ; 22 – 5 = 17 chambres restant à louer.

3. *Transcription*

R : Bonjour Madame, bonjour Monsieur. Que puis-je pour vous ?
M.F. : Bonjour Monsieur. Nous avons réservé une chambre par courrier au nom de Madame et Monsieur Fouquet.
R : Fouquet... je consulte votre dossier... Oui... en effet, une réservation pour une chambre double avec bain et wc.
M.F. : Oui, c'est cela. Elle donne bien sur le jardin ?
R : Bien sûr, comme vous nous l'avez demandé. Nous vous avons donné la chambre 303.
M.F. : C'est parfait...
R : Je peux vous demander combien de jours vous pensez rester ?
M.F. : Oui, bien sûr. Nous partirons le 8.
R : Le 8... Trois nuits donc, c'est bien ce qui est noté.
M.F. : Oui.

a) 1. lettre – 2. double avec un grand lit, bain et WC. – 3. Quatre jours.

c) Mme et M. Baret – M. Vellot – Mme Souchy – Mlles Flamand

4. *Quelques remarques*

• *Mme et M. Vincendon* : seule la chambre 403 peut leur être attribuée parce que M. Tissot libère sa chambre aujourd'hui, 5 juillet.

• *Mme Berthin* : aucune chambre correspondante n'est libre. Vous pouvez lui proposer la chambre 108 ou la 208 : la différence de prix est minime.

> ☞ *Bien veiller à ce que les étudiants réemploient tous les éléments vus dans ce chapitre.*

2. Le client est installé

A. Prendre en charge le client

Exercice 18 : p. 201

1. 1. Le *pastis* : alcool anisé, originaire du sud de la France ; se boit allongé d'eau (1 volume de pastis, 4 volumes d'eau) avec ou sans glace. – 2. Les *vins doux naturels* : par exemple, le Banyuls, le Muscat, le Rivesaltes. – 3. Les *vins doux liquoreux* : par exemple, le Pineau des Charentes. – 4. Le *Kir* : inventé par le chanoine Kir, de Dijon. Se prépare avec de la liqueur de cassis à laquelle on ajoute du vin blanc sec (1 volume de liqueur pour 10 volumes de vin blanc). Se sert dans une flûte, comme le champagne. De nos jours, on propose aussi des Kirs fraise, framboise ou mûre à la place de la traditionnelle crème de cassis. Il existe aussi le Kir Royal où le champagne remplace le vin blanc. On trouve aussi le « Communard » où le vin rouge remplace le vin blanc.

> ☞ *Ce sont des exemples. Bien entendu, en France, les alcools étrangers se boivent aussi en apéritif (Whisky, Vermouth, Porto, Malaga, Sherry...).*

Exercice 19 : p. 202

1. • Questions du garçon : – Vous avez choisi ? – Je peux prendre votre commande ?

• Réponses du garçon : – Je vous en prie. Prenez votre temps. – Je vous laisse réfléchir. – Je vous laisse réfléchir quelques minutes. – Je reviens dans un moment.

2. *Transcription*

Serveuse : Vous avez choisi ?
Cliente 1 : Oui… enfin, non… j'hésite.
Serveuse : Je peux peut-être vous aider…
Cliente 1 : Ben oui, j'hésite entre la « tourte au lièvre » et la « bavette marchand de vin ».
Serveuse : Et bien, cela dépend de vos préférences : le gibier est, bien sûr, une viande au goût plus prononcé ; la bavette, elle, a évidemment un peu moins de caractère, mais ici la sauce est légèrement relevée.
Cliente 1 : Bien sûr. Mais « marchand de vin », c'est quoi exactement ?
Serveuse : La bavette est poêlée dans du beurre et servie avec une sauce à base de vin rouge qui a mijoté avec des échalotes.
Cliente 1 : Hmm ! Je crois que je vais prendre ça !
Serveuse : D'accord. Une « marchand de vin ». Et pour Madame ?
Cliente 2 : Moi, je suis vraiment ennuyée. Y'a trop de choses, je ne sais plus quoi choisir.
Serveuse : Vous préférez la viande ou le poisson ?
Cliente 2 : Aujourd'hui, j'ai plutôt envie de poisson.
Serveuse : En poisson, je peux vous proposer la brandade de morue ou la lotte pochée au basilic.
Cliente 2 : Vous pouvez m'expliquer ?
Serveuse : Bien sûr, Madame. La brandade est une préparation de morue et de pommes de terre cuites en purée, avec de la crème.
Cliente 2 : Oui. C'est peut-être un peu lourd ?
Serveuse : Il est certain que c'est un plat riche, plus riche que la lotte, qui est pochée, c'est-à-dire cuite rapidement dans l'eau bouillante et présentée avec sa sauce au basilic pour la parfumer.
Cliente 2 : Je préfère quelque chose de léger…
Serveuse : Alors, je vous conseille plutôt la lotte.
Cliente 2 : Et bien d'accord, je vais suivre votre conseil.

a)

1. S'ENQUÉRIR DE SES GOÛTS	– Cela dépend de vos préférences. – Vous préférez la viande ou le poisson ?
2. LUI INDIQUER LA COMPOSITION DES PLATS	– La bavette (…) des échalotes. – La brandade est une préparation (…) crème. – C'est un plat riche (…) la parfumer.
3. LUI FAIRE DES PROPOSITIONS	– En poisson, je peux vous proposer (…) basilic. – Alors, je vous conseille plutôt la lotte.

b) 1. La tourte au lièvre et la bavette marchand de vin. – 2. Le premier plat est un plat de gibier, donc une viande avec un goût plus prononcé, alors que la bavette est un morceau de bœuf mais la sauce qui l'accompagne est relevée par les échalotes. – 3. La bavette marchand de vin. – 4. La carte est tellement variée qu'elle ne sait que choisir. – 5. La brandade de morue et la lotte pochée au basilic. – 6. Elle craint que ce soit un peu lourd, c'est-à-dire trop riche et donc difficile à digérer. – 7. La lotte est pochée : ce mode de cuisson, sans gras, est donc plus léger.

Exercice 20 : p. 204

1. a) A1 - B1 : bons de commande – A2 - B2 : bons de suite

- Sur les bons de commande, le serveur note l'entrée, le ou les plat(s) choisi(s) et le vin.
- Sur les bons de suite, le serveur note une deuxième commande (par exemple, une deuxième bouteille de vin) et/ou les desserts ainsi que les cafés.

> ☞ *En France, on ne commande jamais les desserts en même temps que le début du repas.*

A1 et A2 concernent la même table, le même jour et donc les mêmes clients. C'est la même chose pour B1 et B2.

b) Le numéro de la table, le nombre de couverts, le numéro du bon de commande, la date, la signature du serveur quand il y en a plusieurs en salle.

c) • On indique le nombre de menus et / ou de cartes,
• puis on note les plats par service (entrées / plats principaux / boisson),
• on indique en face de chaque choix le nombre de plats / parts commandées.

d) • Gold'n Grill 4 salades campagnardes
2 pizzas Vesuvio
1 petite pizza Norvégienne
1 petite pizza Napoli
2 pichets d'un quart de vin de pays du Var rosé
1 crème caramel
1 glace tous parfums (ici vanille / chocolat / café)
3 cafés

• La Marmite 1 cassolette de moules
1 salade Marmite
1 faux-filet au poivre vert (PV)
1 chope de mouton au cumin
1 glace flottante Chantilly
1 mousse au chocolat maison
1 pichet de 1/2 de rosé maison

On peut remarquer que, lorsque le serveur note la commande, il utilise des abréviations :
→ on donne le mot-clé (exemple : campagnarde pour la salade, moules pour « cassolette de moules »)
→ on abrège les mots (exemple : choc. pour chocolat)

e) Il s'agit de la cuisson de la viande : SGT = saignant – AP = à point

☞ *Il existe aussi : B = bleu ; BC = bien cuit*

2.

☞ *Indications pour l'élaboration du dialogue :*
• Les étudiants doivent conseiller un vin rouge allant avec le poisson et la viande. Ils doivent tenir compte du fait que la bavette est accompagnée d'une sauce au vin rouge et donc proposer le même vin. C'est normalement un bordeaux.
• La cliente 2 peut ne pas aimer le vin rouge.
• La serveuse propose alors une demi-bouteille de bordeaux rouge pour l'une et une demi-bouteille de vin blanc pour l'autre.

3.

☞ *Etant donné que les clientes n'ont pas choisi d'entrées, elles ont forcément choisi la carte.*

Exercice 21 : p. 207

1. a) *Transcription*

R : Réception, bonjour.
C : Bonjour Madame. J'aimerais commander deux petits déjeuners pour demain matin.
R : Bien sûr, c'est pour quelle chambre ?
C : Ah ! pardon, c'est la 207.
R : Vous désirez être servis à quelle heure ?
C : 7 heures.
R : Pas de problème. Vous désirez deux petits déjeuners complets ?
C : Des petits déjeuners complets.
R : Et bien, comme vous pouvez le voir sur la carte disposée à côté de votre téléphone, le petit déjeuner complet se compose d'une boisson chaude et d'un jus de fruit, accompagnés bien sûr d'un petit pain, d'un croissant, de beurre et de confiture. Vous pouvez aussi choisir à la carte des suppléments.

C : Ah ! oui, je vois… Et bien deux petits-déjeuners complets. Et puis nous prendrons aussi des œufs et un yaourt.
R : Une ou deux portions d'œufs ?
C : Une, s'il vous plaît.
R : Coque, sur le plat, au bacon ou brouillés ?
C : A la coque.
R : Combien de yaourts ?
C : Deux. Un nature et un aux fruits 0 %.
R : Le yaourt nature à 0 % aussi ?
C : Non, non.
R : D'accord. Comme boissons chaudes, qu'est-ce que vous désirez ?
C : Un café noir et un thé au lait. Un grand pot de café, s'il vous plaît.
R : Certainement. Et pour le jus de fruits ?
C : Et bien un jus d'orange et un jus de pamplemousse.… Oh ! mais je vois que vous avez des fruits frais… Qu'est-ce que vous proposez aujourd'hui ?
R : Nous avons orange, pomme ou mandarine.
C : Ah ! alors est-ce que, à la place du jus de pamplemousse, je peux avoir des mandarines ?
R : Bien sûr madame. A votre service.

PETIT DÉJEUNER

Chambre **207**………… Heure de commande ……………
Nombre **2**…………… A servir à **7 heures** …

(2) **Petit déjeuner complet**

Demandes particulières

… **1** … café noir **grand pot** ………………………………………………
……… café au lait ………………………………………………
……… thé nature ………………………………………………
……… thé citron ………………………………………………
… **1** … thé au lait ………………………………………………
……… chocolat ………………………………………………
… **1** … jus d'orange ………………………………………………
……… jus de pamplemousse ………………………………………………
……… nectar d'abricot ………………………………………………

avec petit pain, croissant, beurre, confiture.

(4) **Suppléments à la carte**

… **1** … œufs : … **1** … coque ……… sur le plat ……… bacon ……… brouillés
……… omelette : ……… nature ……… jambon
……… bacon ………………………………………………
……… céréales ………………………………………………
… **2** … yaourt … **1** … nature ……… 0 % ……… fruits … **1** … fruits 0 %
……… compote de fruits frais………………………………………………
… **1** … fruits frais de saison **mandarine** ………………………………………………

b) *Transcription*

R : Réception, bonjour.
C : Bonjour Madame. Pourrions-nous avoir trois petits déjeuners dans une demi-heure, pour la chambre 412, s'il vous plaît ?
R : Bien sûr Madame. Trois complets ?
C : Oui, mais est-ce qu'il est possible d'avoir seulement un lait chaud ? C'est pour mon fils.

R : Bien sûr, une tasse ou un pot ?
C : Une tasse, ça suffira. Avec une compote aussi.
R : Oui et comme autres boissons chaudes ?
C : Un café au lait et un thé citron.
R : Des jus de fruits ?
C : Ah, j'oubliais, pourrais-je avoir du lait écrémé pour le café ?
R : Bien sûr, Madame.
C : Deux jus d'orange et un nectar d'abricot.
R : Désirez-vous autre chose parmi les suppléments ?
C : Oui, une omelette et un yaourt nature à 0 %.
R : Vous préférez une omelette nature ou jambon ?
C : Jambon.
R : Très bien, Madame. Je vous fais servir à 8 h 30, chambre 412.
C : C'est cela. Ah ! en fin de compte, mettez un jus de pamplemousse à la place d'un jus d'orange. Excusez-moi.
R : Je vous en prie, Madame, à votre service.

PETIT DÉJEUNER

Chambre **412**............ Heure de commande **8h**...............
Nombre **3**............... A servir à **8h 30**...........

(3) **Petit déjeuner complet**

Demandes particulières

.... café noir ....
... **1** ... café au lait **lait écrémé** ....
.... thé nature ....
... **1** ... thé citron ....
.... ~~thé au lait~~ **1 tasse lait chaud** ....
.... chocolat ....
... **1** ... jus d'orange ....
... **1** ... jus de pamplemousse ....
... **1** ... nectar d'abricot ....

avec petit pain, croissant, beurre, confiture.

(3) **Suppléments à la carte**

.... œufs : .... coque .... sur le plat .... bacon .... brouillés
... **1** ... omelette : .... nature ... **1** ... jambon
.... bacon ....
.... céréales ....
... **1** ... yaourt .... nature ... **1** ... 0 % .... fruits .... fruits 0 %
.... compote de fruits frais..
.... fruits frais de saison ....

2. a) *Transcription 1*

S : Service des chambres, bonjour.
C : Chambre 202. J'aimerais manger quelque chose, s'il vous plaît.
S : Vous avez choisi sur la carte ?
C : Oui, je voudrais un potage et une salade composée.
S : Vous désirez un dessert ?
C : Oh, je n'ai pas très faim, mais je pourrais avoir un seul fruit à la place de l'assiette ?
S : Bien sûr Madame. Vous désirez une pomme, une orange, des mandarines, quelques tranches d'ananas, une poire ?

C : Je prendrai l'ananas et une eau minérale... une Badoit, une petite.
S : Vous désirez être servie à quelle heure ?
C : Le plus vite possible, je suis un peu fatiguée.
S : D'ici un quart d'heure, cela vous convient ?
C : C'est parfait, merci, au revoir.

Transcription 2

Q : Service des chambres, bonsoir.
C : Bonsoir. Je voudrais commander deux repas, s'il vous plaît.
S : Bien sûr Madame. Que désirez-vous ?
C : Une salade composée, une assiette anglaise, deux saumons fumés... et en fruits de saison, qu'est-ce que vous avez ?
S : Et bien, en compote, nous vous proposons pomme, poire, ou pomme / poire. En assiette, vous avez orange, mandarine, ananas, pomme et poire.
C : Je prendrai une assiette de fruits et pour mon mari une assiette 4 fromages.
S : Certainement. Et comme boisson ?
C : Une grande bouteille d'eau minérale et un demi Muscadet.
S : Vous avez une préférence pour l'eau minérale ?
C : Evian, ce sera parfait.
S : Prendrez-vous des cafés ?
C : Un café, s'il vous plaît.
S : Vous désirez dîner à quelle heure ?
C : Oh ! dans une heure, le temps de s'installer.
S : Bien. Je vous fais servir à 21 heures. Je peux vous demander votre numéro de chambre ?
C : Bien sûr : c'est le118.
S : Merci Madame.

B. Assurer le suivi

Exercice 22 : p. 210

1. Le serveur doit penser à :
– apporter une nouvelle corbeille de pain dès que celle qui est sur la table est vide ;
– apporter une nouvelle carafe d'eau dès que celle qui est sur la table est vide ;
– vider et changer les cendriers très régulièrement ;
– débarrasser de tout objet inutile après chaque plat ;
– avant de servir le café, enlever tout ce qui est sur la table, sauf les verres, la carafe d'eau et le vin ; enlever les miettes ;
– vérifier que le client ne manque de rien : sucre, couverts... ;
– s'informer du confort du client, de sa satisfaction, de ses souhaits éventuels ;
– etc.

2. Le client peut demander des renseignements sur :
– des horaires de train, d'avion, de navette pour l'aéroport... ;
– un itinéraire à suivre pour aller dans un restaurant, au théâtre, à un spectacle... ;
– des lieux (exemples : un distributeur de billets, une banque ouverte, la poste la plus proche, un coiffeur, un grand magasin...).
Il peut aussi attendre un conseil pour :
– choisir un restaurant ;
– choisir un but de promenade ;
– choisir l'itinéraire le plus simple ;
– choisir un garage pour réparer sa voiture ;
– choisir le magasin où il trouvera l'objet qu'il cherche ;
– etc.

> ☞ *Pour des exercices sur ce thème et ces actes de parole, vous pouvez vous reporter à* La Voyagerie, *éd. PUG.*

Exercice 24 : p. 211

2. a) 1. Excusez-moi, j'avais mal compris. Je vous apporte tout de suite votre liqueur. – 2. Nous la préparons toujours ainsi mais si vous le désirez, notre chef en préparera une selon vos indications.

> ☞ *Dans la recette traditionnelle il n'y a pas de maïs.*

3. Je suis désolé. C'est un oubli, je vous en apporte tout de suite. – 4. Il est vrai que cette sauce demande à être relevée. Je vais demander de vous préparer un plat moins salé. – 5. Je suis vraiment navré. Si vous voulez bien patienter quelques minutes, je vous en rapporte un. – 6. Je vous remercie de cette remarque parce que je suis très strict sur la propreté. Je vous le change immédiatement. – 7. Il est vrai que beaucoup de nos clients étrangers sont surpris la première fois ! La spécificité de la tarte Tatin est qu'elle se mange chaude. Mais si vous n'aimez pas, je peux vous proposer une tarte aux pommes plus classique. – 8. Ah ! Monsieur, vous n'êtes pas le premier... Pour la petite histoire le haricot de mouton vient du vieux mot *harigoter*, qui veut dire : couper en morceaux. Et donc, il s'agit d'un ragoût de mouton qui n'est pas accompagné de haricots mais de petits oignons, de carottes et de pommes de terre. – 9. Oh ! j'ai complètement oublié, excusez-moi. Je vous en apporte un tout de suite. – 10. Je suis tout à fait d'accord avec vous. Mais malheureusement, un de nos serveurs a eu un accident juste avant le service, et nous avons beaucoup de monde. Nous sommes un peu débordés. Je vous apporte votre plat suivant tout de suite et laissez-moi vous offrir les cafés.

b) 1. Je vais consulter le planning pour voir ce que j'ai de disponible côté jardin. Si vous voulez bien patienter un instant. – 2. C'est ce que nous distribuons habituellement, Monsieur. Mais je vais tout de suite vous en faire apporter une autre. – 3. Je suis vraiment désolé. Je vous envoie immédiatement la femme de chambre. Excusez-moi encore. – 4. Je comprends tout à fait, mais dans notre chaîne, une fontaine de jus de fruits et d'eau est mise gracieusement à la disposition de nos clients à l'étage. Vous la trouverez sur le palier, face à l'ascenseur. – 5. Oui, en effet, je m'en souviens. Je suis désolé, j'ai oublié de le signaler. Je vous envoie le factotum d'ici un quart d'heure. – 6. Je comprends tout à fait. Vous avez, à l'entrée de la chambre, un thermostat qui vous permet de moduler la température à votre gré. – 7. Merci de me signaler cette panne. Si vous voulez bien me donner votre numéro, je vous passe la communication au poste de la réception.

3. Le client part

Exercice 25 : p. 215

1. 1. une – 2. la colonne « prix » correspond au prix de l'unité (consommation, nuitée,...) ; la colonne « total » correspond au prix total en fonction du nombre de consommations, de nuitées... – 3. la carte bancaire. – 4. cette somme correspond à la TVA (taxe sur la valeur ajoutée) de 18,6 % incluse dans le prix (285 F).– 5. il s'agit du prix TTC (toutes taxes comprises)

> ☞ *TTC s'oppose à HT (hors taxes).*
> *A partir du 1er août 1995, la TVA est passée de 18,6 % à 20,6 %*

2. 1. La commande est la suivante
Apéritif maison
Pétillant maison
Notre suggestion (entrée au choix + entrecôte)
Notre suggestion
2 cafés
glace (Au choix...) ou sorbet
gâterie Dubouillon
15,80 F = 2 cafés supplémentaires

> ☞ *Le nom de Dubouillon est celui du dessinateur qui a illustré le menu.*

2. les clients ont commandé deux autres cafés après que l'addition a été donnée. – 3. deux. – 4. non, si le client présente une carte d'identité. – 5. 19 h 43 correspond à l'heure de la prise de commande (et non à celle de la facturation). – 6. oui : 001 19B 032. – 7. elle sert aussi de fiche d'évaluation du service par le client.

Exercice 26 : p. 217

1.

LA MARMITE

20, RUE JAMES-CLOSE
06600 ANTIBES - Tél. 93 34 56 79

TABLE No 10

LE 11.08

2 menus	99 F	198 F
1/2 rosé maison		42 F

EC ☐ CC ☐
TR ☐ TOTAL .. 240
ES ☐ CH ☐

Date: 14 07 Table no: 36
Heure: 21:24 Couvert(s): 4
Ticket no: 14
Serveur: STEPHANE

LE GOLD N' GRILL
S.A.R.L LE GOLD
Place de la chevre. Centre St.Jacques
57000 METZ
Tel. 87 74 21 06
R.C. 315 638 395

1. 1/2 NORVEG.	27.00
2. VESUVIO	72.00
1. 1/2 NAPOLI	27.00
1. SAL. CAMPAGN.	36.00
1. SAL. CAMPAGN.	36.00
1. SAL. CAMPAGN.	36.00
2. 1/4 ROSE DU VAR	26.00
1. CREME CARAMEL	11.00
1. GLACE	23.00
1. SAL. CAMPAGN.	36.00
3. CAFES	21.00
TOTAL	377.00

SERVICE 15% INCLUS
MERCI DE VOTRE VISITE
A BIENTOT

NB : Les étudiants doivent imaginer le prix du vin.

2. a) oubli des trois cafés

Exercice 27 : p. 219

1. *Quelques exemples de phrases*

1. Au revoir, Madame, je vous souhaite un bon voyage. – 2. Au revoir, Madame, je vous souhaite une bonne route. – 3. Au revoir, Madame, au revoir Monsieur, je vous souhaite un bon retour. – 4. Nous espérons vous revoir bientôt. – 5. Nous espérons vous revoir l'année prochaine. – 6. Nous serons heureux de vous accueillir l'année prochaine. – 7. Nous aurons plaisir à vous accueillir l'année prochaine. – 8. Nous serons très heureux de vous revoir bientôt. – 9. Nous serons très heureux de vous accueillir lors de votre prochain voyage dans notre ville. – 10. Bonne soirée. – 11. Bonne journée. – 12. Au revoir Madame, au revoir Monsieur, j'espère que vous avez été satisfaits. – 13. Nous avons été très heureux de vous accueillir. Bonne soirée Madame, bonne soirée, Monsieur.

2. Hôtel : 1, 3, 5, 6, 7, 9 – Restaurant : 10, 11, 13 – Les deux : 2, 4, 8, 12

par Achevé d'imprimer
avec les films fournis,
en août 1995
IMPRIMERIE LIENHART
à Aubenas d'Ardèche

Dépôt légal août 1995
N° d'imprimeur : 7796